# GARDEN Ein Kochbuch

# GARDEN  Ein Kochbuch

Wir sind drei Freunde und drei Kollegen. Fotograf, Foodstylist, Stylistin. Ein kreatives Trio, verbunden durch eine gemeinsame Leidenschaft: die Liebe zum Garten und zum Gärtnern. Die geteilte Freude für alles, was dort wächst und gedeiht. Ein Jahr lang haben wir geackert, gesät, gehegt, gepflegt, geerntet. Dem Wetter getrotzt. Keine Mühen gescheut. GARDEN. Ein Kochbuch ist das Ergebnis.

Die Idee dazu war eine Art Geistesblitz nach der gemeinsamen Arbeit im Studio. Ein nettes Beisammensein im Garten, entspanntes Grillen, ein Gemüse, das wir zufällig in den Händen hatten samt Blatt und Wurzelwerk, das wir einfach nur schön fanden und fotografierten – bei all dem kam uns der Gedanke, ein Buch zu machen. Und so fingen wir einfach an. Wir pflanzten Samenkörner aus dem Vorjahr oder bereits vorgezogene Sprösslinge, freuten uns über die ersten grünen Triebe oder die ersten sichtbaren Fruchtansätze, verfolgten begeistert die fast tägliche Veränderung, das Wachsen, das Gedeihen, die Reife.

Wir kennen natürlich Kürbis, Artischocken oder Pak Choi vom Gemüsehändler und aus dem Supermarkt. Aber eine Sellerieknolle mit ihren Blättern und kräftigen Wurzeltrieben aus der Erde zu ziehen oder zu beobachten, wie dicke Bohnen aufwachsen, oder zu sehen, wie unendlich riesig die ganze Steckrübe als Pflanze ist, waren für uns jedes Mal wieder beeindruckende Erlebnisse. Der spontane Einsatz hat uns oft nach langen Produktionstagen zusammengeführt, um frisch geerntetes Obst und Gemüse bis in den späten Abend hinein zu fotografieren, zu kochen, in Szene zu setzen. Um dann schließlich auch gemeinsam und mit viel Genuss zu essen.

GARDEN. Ein Kochbuch ist eine Hommage an die Schätze der Natur, an die Erde, an unsere Gärten. Unsere Intentionen? Wir möchten die Menschen inspirieren und animieren. Zum Selber-Anbauen, zum persönlichen Einsatz. Zum Nachkochen der simplen, aber dennoch raffinierten Rezepte. GARDEN. Ein Kochbuch ist unser ganzer Stolz. Kochbuch und Kunstwerk zugleich.

Adam Koor | Food    Thorsten Suedfels | Foto    Meike Stüber | Style

# UNSER ERNTEKALENDER   FRÜHLING

## APRIL
Topinambur | 12.04.
Bärlauch | 19.04.
Liebstöckel | 21.04.
Giersch.
Gänseblümchen | 23.04.

## MAI
Rhabarber | 03.05.
Grüner Spargel | 10.05.
Koriander | 20.05.
Schnittlauch | 23.05.
Rosmarin | 24.05.

## JUNI
Spinat | 03.06.
Salbei | 04.06.
Stachelbeere | 05.06.
Zucchiniblüte | 06.06.
Brokkoliblätter | 07.06.
Rucola | 08.06.
Zitronengras | 09.06.
Roter Rettich | 12.06.
Kirsche | 14.06.
Pak Choi | 14.06.
Rote Johannisbeere | 19.06.

## GUT ZU WISSEN

| Unsere Rezepte sind für 4 Personen.
| Frisch gepflücktes Obst und Gemüse sollten vor der Zubereitung geputzt und gewaschen werden. Kräuter ebenfalls waschen. Zwiebeln und Knoblauch schälen.
| In den Rezepten wird meist nicht ausdrücklich erklärt, wie man die einzelnen Komponenten zusammenstellt. Das erklären die Foodfotos.
| Die Deko mit Kräuterblättern auf den Fotos ist nur ein Vorschlag. Deshalb werden diese Kräuter nicht ausdrücklich in den Zutaten erwähnt.
| Wir verwenden immer Eier der Größe M.
| Zum Braten verwenden wir vorwiegend Erdnussöl. Man kann natürlich auch andere Öle benutzen.
| Die Angaben der Backofentemperaturen beziehen sich auf Ober- und Unterhitze.

## SOMMER

### JUNI
Walderdbeere | 21.06.
Strauchbasilikum | 23.06.
Kohlrabi | 26.06.
Zuckerschote | 27.06.

### JULI
Boysenbeere | 02.07.
Dicke Bohne | 04.07.
Chinakohl | 06.07.
Rote Bete | 12.07.
Spitzpaprika | 14.07.
Artischocke | 24.07.
Aubergine | 25.07.
Himbeere | 26.07.

### AUGUST
Blaubeere | 03.08.
Radicchio | 04.08.
Grüne Tomate | 06.08.
Möhre | 22.08.
Zwiebel | 23.08.
Hokkaidokürbis | 24.08.
Kartoffel | 25.08.
Knoblauch | 26.08.
Zwetschge | 27.08.
Brombeere | 28.08.
Apfel | 29.08.
Rotkohl | 30.08.

### SEPTEMBER
Feige | 01.09.
Knollensellerie | 13.09.
Weißkohl | 15.09.
Weintraube | 16.09.
Blauhilde-Bohne | 17.09.
Frühlingszwiebel | 21.09.

## HERBST

### SEPTEMBER
Gurke | 22.09.
Blumenkohl | 24.09.
Mais | 28.09.
Schwarzkohl | 29.09.
Birne | 30.09.

### OKTOBER
Quitte | 02.10.
Steckrübe | 17.10.
Wirsing | 19.10.
Fenchel | 20.10.

### NOVEMBER
Meerrettich | 30.11.

### DEZEMBER
Petersilienwurzel | 05.12.
Pastinake | 11.12.

## WINTER

### DEZEMBER
Rosenkohl | 12.12.

### JANUAR
Lauch | 26.01.

### FEBRUAR
Portulak | 01.02.

### MÄRZ
Schwarzwurzel | 01.03.

FRÜHLING

# TOPINAMBUR | 12.04.

# TOPINAMBUR
# KIRSCHTOMATE
# KRÄUTER

---

Saft von 1 kleinen Zitrone
Saft von ½ Orange
3 EL Olivenöl
1 TL Sesamöl
1 TL Zucker
Pfeffer aus der Mühle
Meersalz

2 Handvoll Topinambur
je etwas Basilikum, Petersilie, Salbei, Shiso-Kresse, Dill
1 Handvoll Babyspinat

2 Handvoll bunte Kirschtomaten

Zitronen- und Orangensaft, Olivenöl, Sesamöl, Zucker, Pfeffer und Meersalz in einer großen Schüssel zu einem Dressing verrühren.

Topinambur unter fließendem kaltem Wasser mit einer Bürste gründlich säubern, in dünne Scheiben schneiden. Kräuter und Babyspinat mit dem Topinambur in die Marinade geben. Einmal durchschwenken und kurz ziehen lassen.

Die Tomaten über der Schüssel zwischen Daumen und Zeigefinger leicht zerdrücken und untermischen. Nach Belieben nochmals mit Meersalz und Pfeffer würzen.

# BÄRLAUCH
# KANINCHEN
# ERDNUSS

---

ca. 800 g Kaninchenkeulen (ohne Knochen)
3 EL Honig, 3 EL Sojasauce
1–2 TL Chiliflocken
1 TL Sesamöl, 3 EL Reisessig

3 EL Zucker
1 Handvoll Erdnusskerne

1 Bund Bärlauch
200 g griechischer Joghurt
Meersalz, Pfeffer aus der Mühle
Saft von ½ Bio-Zitrone

1 Mini-Gurke
1 TL Rohrzucker, ½ TL Salz
1 Handvoll getrocknete Kirschen
2 EL Olivenöl

Erdnussöl zum Braten

Das Kaninchenfleisch in gleich große Stücke schneiden, es sollten immer 3 Stücke auf einen Schaschlikspieß passen. Aus Honig, Sojasauce, Chili, Sesamöl und Reisessig eine Marinade rühren und das Kaninchenfleisch darin 2 Stunden ziehen lassen.

Zucker in einer Pfanne leicht karamellisieren, Erdnüsse unterrühren und auf Backpapier auskühlen lassen. Die karamellisierten Erdnüsse grob hacken.

Den Bärlauch mit dem Stabmixer fein pürieren.
Mit Joghurt, Meersalz, Pfeffer und Zitronensaft vermischen.

Die Mini-Gurke der Länge nach halbieren und längs in dünne Scheiben schneiden.
Mit Zucker und Salz bestreuen und etwa 10 Minuten ziehen lassen.
Die Flüssigkeit abgießen und die Gurke mit den Kirschen im Olivenöl einlegen.

Das Kaninchenfleisch aus der Marinade nehmen, auf Schaschlikspieße stecken, in einer Pfanne in Erdnussöl bei mittlerer Hitze 15 bis 20 Minuten rundherum braten.

# LIEBSTÖCKEL
# HEU
# FORELLE

1 große Handvoll Heu
2 Forellen (küchenfertig)
2 Handvoll Liebstöckel

Das Heu in einer Kasserolle ausbreiten, die Forellen mit etwa zwei Dritteln des Liebstöckels füllen, auf einem gefalteten Backpapier auf das Heu legen, mit restlichem Liebstöckel belegen.

Auf dem Herd bei starker Hitze zugedeckt 20 Minuten räuchern.

Die Kasserolle ins Freie bringen, 5 Minuten stehen lassen und den Deckel abnehmen.

# GIERSCH
# GÄNSEBLÜMCHEN
# SALSICCIA

4-6 EL Orangen-Olivenöl
3-4 EL Aceto balsamico
1 gestrichener EL Rohrzucker
Pfeffer aus der Mühle
Meersalz

4 Petersilienwurzeln
3-4 EL Erdnussöl

4 Salsicce (ital. Bratwurst)

2 Handvoll junge Gierschblätter
1 Strauß Gänseblümchen
1 kleines Stück Parmesan

Aus Orangen-Olivenöl, Balsamico, Zucker, Pfeffer und Meersalz eine Marinade rühren.

Die Petersilienwurzeln schälen und in einer Pfanne im Erdnussöl bei schwacher bis mittlerer Hitze etwa 20 Minuten garen. Danach in die Marinade geben.

Die Salsicce in derselben Pfanne ebenfalls bei mittlerer Hitze 12 bis 15 Minuten braten.

Gierschblätter und Gänseblümchen abzupfen. Den Parmesan grob reiben.

Salsicce mit Petersilienwurzeln, Gierschblättern und Gänseblümchen anrichten.
Mit Parmesan bestreuen.

GIERSCH · GÄNSEBLÜMCHEN | 23.04.

RHABARBER | 03.05.

# RHABARBER
# SCHWEINEKOTELETT
# AUBERGINE

600 g Rhabarber
100 ml Rotweinessig
2–3 EL Zucker
½ EL Chiliflocken
1 Zimtstange
3 Lorbeerblätter
4 Ibérico-Schweinekoteletts

4 lange, dünne Auberginen
Salz

1 Handvoll Thymian
Meersalz
Pfeffer aus der Mühle

Den Rhabarber putzen, die Blätter abschneiden und die Stangen in Stücke schneiden. Rhabarberstücke mit Essig, Zucker, Chiliflocken, Zimt und Lorbeer etwa 2 Minuten köcheln lassen. Abkühlen lassen und die Koteletts in dem Sud mindestens 6 Stunden marinieren.

Die Auberginen längs halbieren, salzen und 30 Minuten ziehen lassen.

Fleisch aus der Marinade nehmen. Die Schnittflächen der Auberginen trocken tupfen. Koteletts und Auberginen mit Thymian bestreuen und auf dem heißen Kohlegrill bei direkter Hitze etwa 4 Minuten pro Seite grillen. Die Marinade in einem Topf kurz aufkochen und über die Koteletts geben. Alles mit Meersalz und Pfeffer würzen.

## GRÜNER SPARGEL
## CALAMARETTI
## GELBE LINSEN

250 g gelbe Linsen
Gemüsebrühe

1 Zwiebel
2 Knoblauchzehen
2 Chilischoten
4 Calamaretti (küchenfertig)
Olivenöl
1 EL Tomatenmark
ca. 200 ml Hühnerbrühe
Meersalz
Pfeffer aus der Mühle
1 Handvoll Taggiasca-Oliven (in Öl)

2 Handvoll grüner Spargel
Salz

Die Linsen daumenhoch mit Gemüsebrühe bedecken und aufkochen.
Zugedeckt etwa 15 Minuten garen und abgießen.

Zwiebel, Knoblauch und Chilis fein hacken. Calamaretti in Olivenöl rundherum scharf anbraten
und herausnehmen. Zwiebel, Knoblauch und Chilis in der Pfanne gut durchschwenken.
Tomatenmark unterrühren, mit Hühnerbrühe ablöschen und auf die Hälfte einkochen lassen.
Calamaretti wieder dazugeben, vom Herd nehmen, mit Meersalz und Pfeffer würzen.
Oliven samt Öl hinzufügen und zugedeckt ziehen lassen.

Spargel im unteren Drittel schälen und die Enden entfernen.
Die Spargelstangen in Salzwasser bissfest garen.

GRÜNER SPARGEL | 10.05.

# KORIANDER
# SCHWEINEFILET
# SOJASAUCE

---

2 Schweinefilets (à ca. 300 g)
1 EL Koriandersamen
½ EL Fenchelsamen
1 TL Anis
1 EL Schwarzkümmelsamen

3 EL Erdnussöl
4 EL Sojasauce
2 Chilischoten
3 EL Honig
1 EL Zucker
1 Bund Koriander

Schweinefilets mit Koriander-, Fenchelsamen, Anis und Schwarzkümmel einreiben und 2 Stunden ziehen lassen.

Die Schweinefilets in einer Pfanne bei mittlerer Hitze im Erdnussöl 20 Minuten rundherum braten. Sojasauce, Chilis, Honig, Zucker und Koriander dazugeben, etwa 2 Minuten karamellisieren lassen.

## SCHNITTLAUCH
## LAMM
## KICHERERBSEN

265 g Kichererbsen (aus der Dose, Abtropfgewicht)
2 EL Zitronensaft
1 große Handvoll Schnittlauch
2 EL Tahin (Sesampaste)
1 EL griechischer Joghurt
4 EL Olivenöl
Meersalz
Pfeffer aus der Mühle

400 g Lammhack
1 Zwiebel
3 Knoblauchzehen
1 kleine grüne Chilischote
½ EL gemahlener Kreuzkümmel
3 EL Erdnussöl
1 EL Tomatenmark
300 ml Gemüsebrühe

1 Ciabatta
Olivenöl

Kichererbsen abgießen und gründlich abbrausen. Mit Zitronensaft, Schnittlauch, Tahin, Joghurt und Olivenöl cremig pürieren. Mit Meersalz und Pfeffer würzen.

Lammhack mit gehackter Zwiebel, Knoblauch, Chili und Kreuzkümmel in einem Topf bei mittlerer bis starker Hitze im Erdnussöl anbraten. Tomatenmark unterrühren, mit Brühe ablöschen und bei schwacher Hitze zu einem saftigen Sugo einkochen lassen. Mit Meersalz und Pfeffer würzen.

Ciabattascheiben toasten und mit Olivenöl beträufeln.

# ROSMARIN
# HÄHNCHEN
# SENF

---

1 Hähnchen (ca. 1½ kg, küchenfertig)

3 Knoblauchzehen
2 Zweige Rosmarin
1 gehäufter EL scharfer Senf
3 EL Kastanienhonig
Meersalz
Pfeffer aus der Mühle

Das Rückgrat vom Hähnchen entfernen und das Hähnchen wie einen Schmetterling aufklappen und flach drücken.

Knoblauch hacken und mit Rosmarin, Senf, Honig, Meersalz und Pfeffer zu einer Marinade rühren. Das Hähnchen damit einreiben und mindestens 3 Stunden ziehen lassen.

Den Backofen auf 180 °C vorheizen. Das Hähnchen auf dem Ofengitter auf der mittleren Schiene etwa 1 Stunde und 20 Minuten garen, auf die Schiene darunter ein Abtropfblech schieben.

# SPINAT
# PASTA
# EI

---

3 große Handvoll Spinat

400 g Orecchiette
Salz

2 Zwiebeln
3 Knoblauchzehen
1 kleine grüne Chilischote
6 EL Olivenöl
100 g Parmesan
Meersalz
Pfeffer aus der Mühle
4 frische Eigelb

Spinat verlesen, putzen, waschen und trocken schleudern.

Pasta in Salzwasser al dente kochen.

Fein gehackte Zwiebeln, Knoblauch und Chili im Olivenöl bei mittlerer Hitze etwa 10 Minuten andünsten. Pasta, Spinat und geriebenen Parmesan unterheben. Mit Meersalz und Pfeffer würzen. Eigelbe dazugeben und unterrühren.

SALBEI | 04.06.

# SALBEI BACON VONGOLE

---

700 ml Gemüsebrühe
3 Schalotten
1 EL Butter
250 g Risottoreis
100 ml Weißwein
40 g Parmesan
1 gehäufter EL Crème fraîche
50 g Sahne
1 kleine Handvoll Salbeiblätter
Meersalz
Pfeffer aus der Mühle

4 dicke Scheiben Bacon
Erdnussöl zum Braten

2 Handvoll Vongole (Venusmuscheln)
3 Knoblauchzehen
100 ml Gemüsebrühe


Die Brühe erhitzen. Fein gehackte Schalotten in einem Topf in der Butter bei mittlerer Hitze andünsten. Reis dazugeben, kurz mitdünsten und mit Wein ablöschen. Unter Rühren 20 Minuten garen, dabei immer wieder Brühe dazugießen, bis der Reis fast gar ist.
Parmesan fein reiben und mit Crème fraîche, Sahne und Salbei unter den Risotto mischen.
Mit Meersalz und Pfeffer würzen.

Bacon in einer Pfanne in etwas Erdnussöl kross anbraten.

Die Vongole unter fließendem kaltem Wasser waschen, dabei schon geöffnete Exemplare aussortieren. Die Muscheln mit Knoblauch und Brühe zugedeckt 3 bis 5 Minuten kochen, bis alle Muscheln geöffnet sind. Nicht geöffnete Muscheln entfernen.

## STACHELBEERE EIWEISS ZUCKER

4 Eiweiß
Salz
110 g feiner Zucker
110 g Puderzucker
2 TL Speisestärke

2 große Handvoll Stachelbeeren
Mark von 1 Vanilleschote
100 g Zucker
150 ml Weißwein
1 TL Speisestärke

Den Backofen auf 100 °C vorheizen.

Die Eiweiße mit 1 Prise Salz steif schlagen. Dabei den Zucker langsam einrieseln lassen. Puderzucker und Speisestärke fein sieben und rasch unter den Eischnee heben. Etwa 12 Häufchen Eischnee auf einem mit Backpapier ausgelegten Backblech verteilen und im Ofen etwa 1½ Stunden trocknen, dabei die Ofentür nicht ganz schließen (am besten einen Holzlöffel dazwischenklemmen).

Stachelbeeren mit Vanille, Zucker und Weißwein aufkochen. Speisestärke mit etwas Wasser glatt rühren, in das Stachelbeerkompott einrühren, etwa 1 Minute köcheln lassen.

STACHELBEERE | 05.06.

# ZUCCHINIBLÜTE
# KAPERN
# PECORINO

---

160 g Pizza-Mehl (Tipo 00)
160 g Mehl (Type 450)
3–4 g frische Hefe
Salz
Olivenöl

2 Zwiebeln
2 Knoblauchzehen
250 g Tomaten
1 EL Tomatenmark
240 g geschälte Tomaten (aus der Dose)
½ TL abgeriebene Bio-Zitronenschale
Meersalz, Pfeffer aus der Mühle

8 Zucchiniblüten (ohne Staubgefäße und Stempel)
3 EL Kapern
1 großes Stück Pecorino

Beide Mehlsorten mit Hefe, 1 TL Salz, 1 EL Olivenöl und 200 ml lauwarmem Wasser etwa 10 Minuten zu einem geschmeidigen Teig verkneten und 15 Minuten ruhen lassen. Auf der bemehlten Arbeitsfläche nochmals 2 bis 3 Minuten kneten, den Teig halbieren und jeweils nicht zu straff in Frischhaltefolie wickeln. Im Kühlschrank 24 Stunden ruhen lassen. Den Pizzateig mindestens 30 Minuten vor der Verarbeitung aus dem Kühlschrank nehmen.

Gehackte Zwiebeln, Knoblauch und Tomaten in einem Topf in 2 EL Olivenöl bei mittlerer Hitze etwa 10 Minuten andünsten. Tomatenmark unterrühren, Dosentomaten hinzufügen und alles zu einem dickflüssigen Sugo einkochen lassen. Zitronenschale dazugeben. Mit Meersalz und Pfeffer würzen.

Die Teigstücke auf der bemehlten Arbeitsfläche zunächst flach drücken. Danach jeweils zu einem dünnen runden Fladen formen, indem man eine Hand fest auf den Fladen legt und mit der anderen Hand den Teig rund nach außen zieht.

Den Backofen auf 250 °C vorheizen. Ein Backblech mit Mehl bestäuben. Die Teigfladen darauflegen und gleichmäßig mit 4 bis 5 EL Tomatensauce bestreichen. Mit Zucchiniblüten, Kapern und geriebenem Pecorino belegen, mit Olivenöl beträufeln, im Ofen nacheinander auf der untersten Schiene etwa 10 Minuten backen.

# BROKKOLIBLÄTTER
# GARNELE
# REIS

80 g Basmatireis
etwas Olivenöl

2 Knoblauchzehen
1 Zwiebel
1-2 rote Chilischoten
Erdnussöl zum Braten
20 Garnelen (küchenfertig, ohne Kopf, mit Schale)
1 EL Szechuanpfeffer
1-2 EL Reissirup
4 EL Sojasauce

ca. 12 große Brokkoliblätter
150-200 ml Gemüsebrühe
Meersalz
Pfeffer aus der Mühle

Den Reis waschen, mit etwas Olivenöl in einer Pfanne bei starker Hitze unter ständigem Rühren goldbraun braten (nicht garen, der Reis soll nur knusprig werden).

Knoblauch, Zwiebel und Chili fein hacken und in einer Pfanne in Erdnussöl bei starker Hitze anrösten, Garnelen und Szechuanpfeffer hinzufügen, unter ständigem Rühren etwa 3 Minuten braten. Mit Reissirup, Sojasauce und 100 ml Wasser ablöschen, aufkochen und vom Herd nehmen.

Geputzte Brokkoliblätter mit Erdnussöl in einer Pfanne etwa 1 Minute scharf anbraten, mit Brühe ablöschen, etwa 2 Minuten köcheln. Mit Meersalz und Pfeffer würzen.

# BROKKOLIBLÄTTER | 07.06.

RUCOLA | 08.06.

# RUCOLA
# DORSCH
# MISO

200 g Udon-Nudeln

800 ml Hühnerbrühe
2 EL Misopaste (Mugi)
½ TL Sesamöl
1 EL dunkle Sojasauce
1 EL Limettensaft
4 Dorschfilets (à ca. 100 g)

1 große Handvoll Rucola
1 kleine Handvoll Thai-Basilikum
1 kleine Handvoll eingelegter Ingwer

Die Nudeln nach Packungsanweisung garen. Abgießen, mit kaltem Wasser abschrecken und abtropfen lassen.

Brühe, Miso, Sesamöl, Sojasauce und Limettensaft in einem ausreichend großen Topf etwa 5 Minuten köcheln lassen.
Dorschfilets in die Brühe legen, den Topf vom Herd nehmen, den Fisch etwa 4 Minuten zugedeckt ziehen lassen.

Rucola, Basilikum, Ingwer, Nudeln und Dorsch auf Bowls verteilen und mit der heißen Brühe übergießen.

## ZITRONENGRAS
## GURKE
## EI

200 g asiatische Weizennudeln

4 Eier

4 Stängel Zitronengras
50 g Ingwer
2 Knoblauchzehen
1 l Gemüsebrühe
80 ml helle Sojasauce
2 Sternanise
2 Gewürznelken
½ Zimtstange

1 Mini-Gurke
1 kleine Handvoll Shiso-Kresse
1 Handvoll Koriander
2 EL Sesamsamen
einige Tropfen Sesamöl

Die Nudeln nach Packungsanweisung garen. Abgießen, abschrecken und abtropfen lassen.

Die Eier in einem Topf in kaltes Wasser legen, zum Kochen bringen und 3 ½ Minuten garen. Abgießen, abschrecken und pellen.

Zitronengras, Ingwer und Knoblauch in feine Scheiben schneiden, mit Brühe, Sojasauce, Sternanise, Nelken und Zimt in einem Topf etwa 15 Minuten köcheln lassen.

Die Gurke in Stifte schneiden, die Eier halbieren und mit Nudeln, Shiso-Kresse, Koriander, Sesamsamen und -öl auf die Bowls verteilen, mit der heißen Brühe übergießen.

ZITRONENGRAS | 09.06.

# ROTER RETTICH
# WASSERMELONE
# EISKRAUT

½ EL Schwarzkümmelsamen
1½ EL Sumach
1 TL abgeriebene Bio-Orangenschale
100 ml Apfelsaft
4 EL Olivenöl
Meersalz
Pfeffer aus der Mühle

4 rote Rettiche

400 g Wassermelone (Fruchtfleisch)

1 große Handvoll Eiskraut
1 Handvoll Dill
1 Handvoll Koriander


Schwarzkümmel in einer Pfanne ohne Fett anrösten. Aus Schwarzkümmel, Sumach, Orangenschale, Apfelsaft und Olivenöl ein Dressing zubereiten. Mit Meersalz und Pfeffer würzen.

Die Rettiche putzen, waschen und fein hobeln. Die Wassermelone in dünne Scheiben schneiden. Eiskraut und Kräuter in kleine Stücke zupfen. Alles mit dem Dressing vermischen.

## KIRSCHE
## DESSERTWEIN
## SCHWEINEKRUSTE

300 g Schweineschwarte
2 TL Kreuzkümmelsamen
1 TL Meersalz
1 TL Fenchelsamen

400 g Kirschen
1 Streifen Bio-Zitronenschale
1 kleine Zimtstange
200 ml weißer Dessertwein
1–2 TL Speisestärke
1 kleine Handvoll Schwarze Johannisbeeren

Den Backofen auf 230 °C vorheizen.

Schweineschwarte in dünne Streifen schneiden, mit Kreuzkümmel, Meersalz und Fenchelsamen vermischen. Auf einem mit Backpapier ausgelegten Backblech im Ofen etwa 30 Minuten knusprig backen.

Kirschen entkernen. In einem Topf mit Zitronenschale, Zimtstange und Dessertwein aufkochen. Speisestärke mit etwas kaltem Wasser glatt rühren, unter Rühren zum Kompott geben, etwa 1 Minute köcheln lassen. Schwarze Johannisbeeren unterheben.

PAK CHOI 14.06.

# PAK CHOI LAMM CURRY

1 EL Koriandersamen
1 TL schwarze Pfefferkörner
1 Zimtstange
2 getrocknete Chilischoten
25 g Ingwer
4 Knoblauchzehen

1 kg Lammkeule (ohne Knochen)
300 g Tomaten
3 Zwiebeln
Erdnussöl zum Braten
400 ml Gemüsebrühe
1 TL scharfes Madras-Currypulver
2 TL Garam Masala
3 EL Aceto balsamico
1 Handvoll Korianderblätter
Meersalz
Pfeffer aus der Mühle

8 Pak Choi
400 ml Gemüsebrühe

1 EL Sesamsamen

Koriander in einer Pfanne ohne Fett anrösten. Mit schwarzem Pfeffer, Zimt, Chilis, geschältem Ingwer und Knoblauch in einem Mörser zu einer Paste zerreiben.

Das Lammfleisch in Würfel schneiden. Die Tomaten grob hacken. Lamm und klein gehackte Zwiebeln in einem Topf in Erdnussöl bei starker Hitze rundherum anbraten. Gewürzpaste hinzufügen, etwa 2 Minuten mitbraten. Tomaten und Brühe dazugeben, zugedeckt bei schwacher Hitze etwa 1 Stunde köcheln lassen. Currypulver, Garam Masala und Essig unterrühren, etwa 15 Minuten fertig garen. Gehackten Koriander dazugeben. Mit Meersalz und Pfeffer würzen.

Pak Choi in einem Topf mit Brühe bedeckt etwa 8 Minuten garen.

Sesamsamen in einer Pfanne ohne Fett anrösten.

# ROTE JOHANNISBEERE
# APFEL
# BUTTER

---

260 g Mehl
2 EL Zucker
175 g kalte Butter

450 g Äpfel
400 g Rote Johannisbeeren
80 g Zucker
2 EL Speisestärke
2 EL Apfelsaft

1 Ei
1 EL Milch
1 EL Zucker

1 EL Puderzucker
1 Handvoll Rote Johannisbeeren

Mehl, Zucker, Butter und 3 bis 5 EL kaltes Wasser rasch zu einem Teig verkneten.
In Frischhaltefolie wickeln und über Nacht kühl stellen.

Äpfel waschen, entkernen und in Würfel schneiden. Mit Johannisbeeren, Zucker,
Speisestärke und Apfelsaft etwa 2 Minuten unter Rühren köcheln lassen.

Eine Backform (20 cm Durchmesser) einfetten und mit Mehl bestäuben. Etwa zwei Drittel des Teigs
3 bis 4 mm dick ausrollen, die Form damit auskleiden und etwa 15 Minuten ins Tiefkühlfach stellen.
Restlichen Teig ausrollen und unterschiedlich große Kreise ausstechen.

Den Backofen auf 225 °C vorheizen.

Ei, Milch und Zucker verrühren.

Johannisbeer-Apfel-Füllung in die Form geben, mit den Teigkreisen bedecken,
mit der Eimasse bestreichen und im Ofen 15 Minuten backen. Die Temperatur auf 175 °C
herunterschalten und den Kuchen noch etwa 45 Minuten backen.

Abgekühlten Kuchen mit Puderzucker und Johannisbeeren bestreuen.

ROTE JOHANNISBEERE | 19.06.

SOMMER

# WALDERDBEERE | 21.06.

# WALDERDBEERE SCHOKOLADE CRÈME DOUBLE

---

110 g Butter
200 g dunkle Schokolade (80 % Kakaogehalt)
4 Eier
230 g Zucker
25 g Kakaopulver
1 TL Backpulver
100 g Mehl

½ l Milch
1 große Handvoll Walderdbeeren
5 sehr frische Eigelb
80 g Puderzucker
100 ml Crème double


Den Backofen auf 180 °C vorheizen.

Butter und Schokolade in einem Topf schmelzen und etwas abkühlen lassen. Eier mit dem Zucker dickcremig schlagen, Schokoladenmasse vorsichtig unterheben. Kakao, Backpulver und Mehl über die Masse sieben und vorsichtig unterheben.
Den Teig in einer mit Backpapier ausgelegten Backform (etwa 20 x 20 cm) 30 Minuten backen.

Die Milch mit Walderdbeeren aufkochen, vom Herd nehmen und 1 Stunde ziehen lassen.
Eigelbe mit Puderzucker schaumig schlagen, Erdbeermilch unter ständigem Rühren dazugeben.
Die Masse langsam erhitzen und eindicken lassen, dabei ständig mit einem Holzlöffel umrühren.
Danach vollständig abkühlen lassen. Crème double unterrühren und in der Eismaschine fertigstellen.

# STRAUCHBASILIKUM
# KABELJAU
# OLIVE

1 große Handvoll Basilikum

3 EL Taggiasca-Oliven (in Öl, plus 3 EL Öl)
3–4 EL Sherry-Essig
Meersalz
Pfeffer aus der Mühle

4 Kabeljaufilets (à ca. 180 g, 3 cm dick, mit Haut)
Erdnussöl zum Braten
1 EL gesalzene Butter
Saft von ½ Bio-Zitrone

Basilikumblätter und -blüten abzupfen.

Aus Oliven, Öl, Sherry-Essig, Meersalz und Pfeffer ein Dressing rühren.

Den Kabeljau in einer beschichteten Pfanne bei starker Hitze in Erdnussöl
auf der Hautseite 2 Minuten anbraten, wenden und 1 weitere Minute braten.
Butter und Zitronensaft hinzufügen, vom Herd nehmen und 2 Minuten ziehen lassen.
Den Kabeljau mit Meersalz und Pfeffer würzen.

KOHLRABI | 26.06.

# KOHLRABI
# LACHS
# KABELJAU

---

2 Bio-Limetten
300 g Lachsfilet (ohne Haut und Gräten)
300 g Kabeljaufilet (ohne Haut und Gräten)
6 EL Olivenöl
1 kleine Handvoll Koriander

2 Kohlrabi
1 rote Chilischote
1 Bio-Zitrone
3 EL Olivenöl
1 Handvoll Korianderblätter
1 Handvoll Basilikumblätter

1 Mini-Gurke
Pfeffer aus der Mühle
einige Tropfen Sesamöl


Limetten heiß waschen und von der Schale etwa 1½ TL fein abreiben, den Saft auspressen. Lachs und Kabeljau in mundgerechte Stücke schneiden, mit Limettensaft und -schale, Olivenöl, fein gehacktem Koriander und ½ EL Meersalz vermengen, etwa 30 Minuten ziehen lassen.

Kohlrabi schälen und fein hobeln. Chili längs halbieren. Zitrone heiß waschen und etwa ½ EL Schale fein abreiben. Alles mit Olivenöl, Koriander- und Basilikumblättern vermengen. Etwa 30 Minuten ziehen lassen.

Klein geschnittene Gurke pürieren und durch ein feines Sieb streichen. Gurkensaft mit Meersalz, Pfeffer und Sesamöl würzen.

## ZUCKERSCHOTE
## ERBSE
## JOGHURT

2 TL Schwarzkümmelsamen
100 g Naturjoghurt
150 g griechischer Joghurt
1 EL Sumach
1–2 TL Chiliflocken
6 EL Olivenöl
3 EL Zitronensaft
Meersalz
Pfeffer aus der Mühle

2 Handvoll Zuckerschoten
1 Handvoll Babyspinat
2 Handvoll Erbsen
je etwas Dill, Petersilie, Koriander und Minze
1 große Handvoll bunte Kirschtomaten
1 Handvoll Pistazienkerne (geröstet und gesalzen)
4 EL Orangen-Olivenöl

Schwarzkümmel in einer Pfanne ohne Fett anrösten. Aus beiden Joghurts, Sumach, geröstetem Schwarzkümmel, Chiliflocken, Olivenöl, Zitronensaft, Meersalz und Pfeffer ein Dressing rühren.

Zuckerschoten, Spinat, Erbsen, klein gezupfte Kräuter, halbierte Tomaten, gehackte Pistazien mit Orangenöl, Meersalz und Pfeffer vermischen.

ZUCKERSCHOTE | 27.06.

# BOYSENBEERE
# KORIANDERBLÜTEN
# FETA

---

3 EL Honig
1–2 EL Himbeeressig
1 EL Olivenöl
Pfeffer aus der Mühle
1 große Handvoll Boysenbeeren

4 Stücke Feta (à 125 g)
Erdnussöl zum Braten

1 kleine Handvoll Korianderblüten


Aus Honig, Himbeeressig, Olivenöl und Pfeffer ein Dressing rühren. Die Beeren dazugeben.

Den Feta in einer Grillpfanne in etwas Erdnussöl bei starker Hitze von einer Seite 30 Sekunden anbraten und herausnehmen. In der Regel bleibt dabei die Kruste an der Pfanne haften. Die Pfanne abkühlen lassen und die Kruste herausnehmen.

Korianderblüten verlesen.

# DICKE BOHNE
# ENTENBRUST
# PISTAZIE

ca. 500 g dicke Bohnenkerne

3 Entenbrustfilets (à ca. 200 g)
Meersalz
Pfeffer aus der Mühle

8 Frühlingszwiebeln
1 Handvoll Schnittlauch
1 Handvoll Pistazienkerne
Erdnussöl zum Braten
1 kleine Handvoll Pimpernelle

Die Bohnen etwa 5 Minuten blanchieren und abgießen.
Die Bohnenkerne mit Daumen und Zeigefinger aus der wächsernen Haut drücken.

Den Backofen auf 160 °C vorheizen.

Die Haut der Entenbrust fein einritzen, mit Meersalz und Pfeffer würzen.
Entenbrust in einer ofenfesten Pfanne bei mittlerer bis starker Hitze zunächst auf der Hautseite
etwa 2 Minuten anbraten. Dann wenden und 1 weitere Minute braten. Entenbrust in der Pfanne
im Ofen 8 bis 10 Minuten garen, herausnehmen und 3 Minuten ruhen lassen.

Frühlingszwiebeln putzen, etwa zwei Drittel des Grüns abschneiden, die Zwiebeln halbieren.
Mit grob geschnittenem Schnittlauch und gehackten Pistazien in Erdnussöl in einer Pfanne
bei mittlerer bis starker Hitze etwa 5 Minuten rösten. Pimpernelle dazugeben,
mit Meersalz und Pfeffer würzen.

# CHINAKOHL
# WACHTEL
# KOKOSNUSS

je ½ EL gemahlener Koriander und Kreuzkümmel
1 TL Meersalz
1 TL Pfeffer aus der Mühle
4 Wachteln (à ca. 200 g)
Erdnussöl zum Braten

1 kleine Kokosnuss

ca. 600 g Chinakohl
Saft von 1 Limette
1–2 rote Chilischoten
je 1 kleine Handvoll Petersilien-, Koriander-, Thai-Basilikumblätter
1–2 EL Fischsauce
3 EL Reisessig
1 EL Sojasauce
1 EL Mayonnaise

Den Backofen auf 200 °C vorheizen.

Koriander, Kreuzkümmel, Meersalz und Pfeffer mischen. Die Wachteln damit gründlich von innen und außen einreiben. Die Wachteln in einer Pfanne in Erdnussöl bei mittlerer bis starker Hitze rundherum goldbraun anbraten, in der Pfanne im Ofen 30 bis 35 Minuten weiterbraten, herausnehmen und etwa 2 Minuten ruhen lassen.

In die drei Vertiefungen der Kokosnuss mit dem Korkenzieher Löcher bohren und das Kokoswasser ausgießen. Die Nuss mit einem Tuch umwickeln und mit einem Hammer aufschlagen. Das Fruchtfleisch in mundgerechte Stücke schneiden.

Chinakohl waschen und in feine Streifen schneiden. Mit Limettensaft, Kokosnuss, fein gehackter Chili, Kräuterblättern, Fischsauce, Essig, Sojasauce und Mayonnaise gut vermischen, etwa 15 Minuten ziehen lassen.

# ROTE BETE
# GARAM MASALA
# ENTRECÔTE

je 1 EL Kreuzkümmel-, Koriander-, Fenchelsamen
20 g Ingwer
4 Knoblauchzehen
1 rote Chilischote
200 g Tomaten
ca. 600 g Rote Bete
1 Gemüsezwiebel
250 g festkochende Kartoffeln
250 g Möhren

Erdnussöl zum Braten
700 ml Gemüsefond
je 1 EL Madras-Currypulver und Garam Masala

60 g Kokosraspel
1 große rote Zwiebel
125 ml Kokoswasser

2 Entrecôte-Steaks (à ca. 250 g, 3 cm dick)
Meersalz
Pfeffer aus der Mühle

Kreuzkümmel, Koriander und Fenchel in einer Pfanne ohne Fett anrösten.
Mit geschältem Ingwer und Knoblauch zu einer groben Paste mörsern.
Chili längs halbieren, Tomaten waschen und klein hacken. Rote Bete,
Zwiebel, Kartoffeln und Möhren schälen, alles in mundgerechte Stücke schneiden.

Die Gewürzpaste in einem Topf in Erdnussöl bei mittlerer Hitze etwa 2 Minuten anrösten.
Rote Bete, Zwiebeln, Kartoffeln, Möhren, Chili und Tomaten dazugeben, kurz mit anbraten
und mit Gemüsefond ablöschen. Zugedeckt etwa 40 Minuten köcheln lassen.
Mit Madras-Curry und Garam Masala abschmecken.

Kokosraspel mit fein geschnittener roter Zwiebel und Kokoswasser mischen.

Die Steaks mit Meersalz und Pfeffer würzen, in einer Pfanne in Erdnussöl
bei starker Hitze 3 bis 4 Minuten pro Seite braten, etwa 1 Minute ruhen lassen.

SPITZPAPRIKA | 14.07.

# SPITZPAPRIKA
# MIRABELLE
# BULGUR

---

4 gehäufte EL Bulgur
½ Mini-Gurke
1 kleine Handvoll Korianderblätter
je ½ TL Kreuzkümmel- und Koriandersamen
¼ TL Pimentpulver
¼ TL Paprikapulver (edelsüß)
1 EL Dattelsirup
1 gehäufter EL Röstzwiebeln
Meersalz
Pfeffer aus der Mühle

8 Spitzpaprikaschoten
Erdnussöl zum Braten
1 große Handvoll Mirabellen
1 Handvoll Basilikumblätter

300 ml Cranberrysaft
Honig
1–2 TL Speisestärke

4 Reispapierblätter (20 cm Durchmesser)


Bulgur nach Packungsanweisung zubereiten. Gurke klein würfeln, Koriander grob hacken. Kreuzkümmel und Koriander in einer Pfanne ohne Fett anrösten. Mit Bulgur, Gurke, Korianderblättern, Piment, Paprika, Dattelsirup und Röstzwiebeln vermischen. Mit Meersalz und Pfeffer würzen.

Paprika in einer Pfanne in Erdnussöl langsam bei mittlerer Hitze etwa 5 Minuten rundherum braten, Mirabellen dazugeben, etwa 3 Minuten mitbraten. Basilikum hinzufügen, mit Salz und Pfeffer würzen.

Cranberrysaft mit etwas Honig aufkochen, 1 bis 2 Minuten köcheln lassen. Speisestärke mit etwas kaltem Wasser glatt rühren und die Sauce damit leicht andicken.

Reispapierblätter nacheinander in lauwarmem Wasser einweichen, danach auf eine feuchte Arbeitsfläche legen und jeweils etwas Bulgurfüllung in die Mitte geben. Die Seiten einschlagen und die Reispapierblätter von unten nach oben fest zusammenrollen.

# ARTISCHOCKE KICHERERBSEN PASTA

300 g Tomaten
200 g Kichererbsen (aus der Dose, Abtropfgewicht)
2 Knoblauchzehen
1 rote Zwiebel
Erdnussöl zum Braten
300 g passierte Tomaten (aus der Dose)
1 TL Rohrzucker
1 getrocknete Chilischote
150 ml Gemüsebrühe
3 Lorbeerblätter
2 EL Taggiasca-Oliven
etwas frischer Thymian
Meersalz
Pfeffer aus der Mühle

4 kleine Artischocken
4 EL Olivenöl
2 EL Zitronensaft
einige Salbeiblätter
6 Bio-Zitronenscheiben

300 g Trafilata al Bronzo (Pasta)

Tomaten klein hacken. Kichererbsen abgießen, gut abbrausen und abtropfen lassen. Knoblauch und rote Zwiebel klein schneiden und in einem Topf in Erdnussöl anbraten. Tomaten, passierte Tomaten, Zucker, Chili, Brühe, Lorbeer, Oliven und Thymian hinzufügen und alles zu einem saftigen Sugo einkochen lassen. Mit Meersalz und Pfeffer würzen.

Artischocken längs halbieren und das Heu entfernen. Die Artischocken mit Meersalz, Pfeffer, Olivenöl und Zitronensaft vermischen. In einer Pfanne in Erdnussöl bei mittlerer Hitze etwa 20 Minuten rundherum braten. Salbeiblätter und Zitronenscheiben dazugeben, noch etwa 3 Minuten mitbraten.

Die Pasta nach Packungsanweisung al dente kochen, abgießen, mit den Kichererbsen unter den Tomatensugo mischen, kurz erhitzen und mit Meersalz und Pfeffer würzen.

ARTISCHOCKE | 24.07.

AUBERGINE 25.07.

# AUBERGINE
# REISNUDELN
# SEPIA

4 kleine Auberginen
30 g Ingwer
4 Knoblauchzehen
3 Zwiebeln
1 rote Chilischote
1 große Handvoll gelbe Kirschtomaten
Erdnussöl zum Braten
300 ml Gemüsebrühe
30 ml Sojasauce
1 EL Reissirup
1 Handvoll Korianderblätter
Meersalz
Pfeffer aus der Mühle

250 g Reisnudeln

8 kleine Sepien mit Kopf (küchenfertig)

Die Auberginen in mundgerechte Stücke schneiden. Ingwer, Knoblauch und Zwiebeln schälen und fein hacken. Alles mit längs halbierter Chilischote und halbierten Kirschtomaten in einem Topf in Erdnussöl bei mittlerer bis starker Hitze etwa 5 Minuten anbraten, mit Brühe, Sojasauce und Reissirup ablöschen. Zugedeckt etwa 20 Minuten sanft schmoren. Koriander unterheben, mit Meersalz und Pfeffer würzen.

Die Reisnudeln nach Packungsanweisung zubereiten.

Sepien in einer Pfanne in Erdnussöl bei starker Hitze rundherum etwa 4 Minuten braten, mit Meersalz und Pfeffer würzen.

# HIMBEERE
# OLIVE
# SCHAFSJOGHURT

2 Handvoll Himbeeren
1 kleine Handvoll Pinienkerne
1 Handvoll schwarze Cinquina-Oliven
2 Handvoll Friséesalat

Saft von 1 kleinen Zitrone
200 g Schafsjoghurt
Meersalz
Pfeffer aus der Mühle

1 Bio-Limette

Die Himbeeren verlesen. Pinienkerne in einer Pfanne ohne Fett goldbraun rösten. Oliven entsteinen. Salat waschen.

Zitronensaft unter den Joghurt rühren, mit Meersalz und Pfeffer würzen.

Limette heiß waschen, 1 TL Schale fein abreiben.

BLAUBEERE | 03.08.

# BLAUBEERE
# BURRATA
# CHILIFLOCKEN

2 Handvoll Blaubeeren
1 EL Rohrzucker
1 TL Vanillezucker
120 ml schwarzer Johannisbeersaft
1–2 TL Speisestärke

4 Scheiben Ciabatta
etwas Olivenöl
1 Knoblauchzehe

1 Handvoll Salatblätter

2 Kugeln Burrata

3 EL Olivenöl
1 TL Chiliflocken
Meersalz
Pfeffer aus der Mühle

Blaubeeren, Zucker, Vanillezucker und Saft in einem Topf aufkochen, Speisestärke mit etwas Wasser glatt rühren, langsam in die Blaubeeren einrühren, etwa 1 Minute leicht köcheln lassen.

Ciabatta mit Olivenöl beträufeln und in einer Grillpfanne von beiden Seiten anrösten. Danach mit Knoblauch einreiben.

Salatblätter waschen.

Burrata halbieren.

Olivenöl mit Chiliflocken, Meersalz und Pfeffer würzen.

# RADICCHIO
# ROCHEN
# ROSMARIN

4 Rochenflügel (à ca. 350 g, küchenfertig)
3 EL Olivenöl
4 Zweige Rosmarin

1 Bio-Zitrone
2 kleine Köpfe Radicchio
4 EL Olivenöl
Meersalz
Pfeffer aus der Mühle

Rochen mit Olivenöl und Rosmarin einreiben und etwa 1 Stunde ziehen lassen.

Zitrone heiß waschen und in Scheiben schneiden. Radicchio in breite Spalten schneiden.

Rochen mit Zitrone auf dem heißen Grill oder in einer Grillpfanne bei direkter Hitze etwa 5 Minuten pro Seite grillen. Vom Grill nehmen, mit Meersalz und Pfeffer würzen, etwa 2 Minuten ruhen lassen.

Etwa 5 Minuten, bevor der Rochen fertig ist, den Radicchio etwa 2 Minuten pro Seite grillen. Mit Olivenöl, Meersalz und Pfeffer würzen.

# GRÜNE TOMATE
# PARMESAN
# COUSCOUS

---

150 g Couscous
¼ l Rinderbrühe
225 g Kichererbsen (aus der Dose, Abtropfgewicht)
1 Handvoll Petersilie
etwas Minze
1 große Handvoll Basilikum
40 g Hanfsamen
Saft von 1 kleinen Zitrone
8 EL Olivenöl
Meersalz
Pfeffer aus der Mühle

4 Stücke Parmesan (à ca. 25 g)

4 grüne Tomaten der Sorte Raf (à ca. 180 g)
2 EL Mehl
etwas Paprikapulver (edelsüß)
etwas Oregano
Erdnussöl zum Braten


Couscous mit heißer Brühe übergießen, zugedeckt 20 Minuten quellen lassen.
Kichererbsen in ein Sieb abgießen, waschen und abtropfen lassen.
Mit den gehackten Kräutern, Hanfsamen, Zitronensaft und Olivenöl unter den
Couscous mischen. Mit Meersalz und Pfeffer würzen.

Parmesan in einer heißen Pfanne kurz von einer Seite anbraten, die Pfanne vom Herd nehmen.

Tomaten in Scheiben schneiden. Das Mehl mit Paprika, Meersalz und Oregano würzen. Die Tomaten
darin wenden und in einer Pfanne bei mittlerer bis starker Hitze in Erdnussöl kross anbraten.

# MÖHRE
# KOKOSNUSS
# GRANATAPFEL

600 g Möhren
50 g Ingwer
2 Knoblauchzehen
3 Zwiebeln
Erdnussöl zum Braten
800 ml Rinderbrühe
2 TL Tandooripulver
Meersalz
Pfeffer aus der Mühle

½ kleine Kokosnuss

150 g Black-Bean-Spaghetti

1 kleiner Granatapfel

Möhren, Ingwer, Knoblauch und Zwiebeln schälen und in grobe Stücke schneiden. In einem Topf in Öl bei mittlerer bis starker Hitze anrösten, mit Brühe ablöschen, zugedeckt etwa 20 Minuten köcheln lassen. Grob pürieren, mit Tandooripulver, Meersalz und Pfeffer würzen.

Das Kokosnussfleisch aus der Schale lösen, das Fruchtfleisch fein hobeln und in einer Pfanne ohne Fett goldbraun rösten.

Die Spaghetti nach Packungsanweisung bissfest garen.

Den Granatapfel halbieren und die Kerne herausdrücken.

ZWIEBEL | 23.08.

# ZWIEBEL
# ERBSE
# JAKOBSMUSCHEL

---

12 kleine Zwiebeln
600–1000 ml Gemüsebrühe
2 EL Rohrzucker
Meersalz
Pfeffer aus der Mühle

2 Schalotten
1 Knoblauchzehen
400 g Erbsen
200 ml Gemüsebrühe
3 EL Crème fraîche

8 Jakobsmuscheln (küchenfertig)
etwas Mehl
1 Ei
1 Handvoll Panko
6 EL Erdnussöl

Geschälte Zwiebeln in einem Topf mit Brühe bedecken und zugedeckt etwa 15 Minuten köcheln lassen, dann abgießen. Zucker in einer Pfanne schmelzen lassen, Zwiebeln darin unter Schwenken langsam karamellisieren, mit Meersalz und Pfeffer würzen.

Geschälte Schalotten und Knoblauch sowie Erbsen in der Gemüsebrühe zugedeckt etwa 8 Minuten kochen. Alles grob pürieren und die Crème fraîche unterrühren. Mit Meersalz und Pfeffer würzen.

Jakobsmuscheln mit Meersalz und Pfeffer würzen, in Mehl wenden, durch das verquirlte Ei ziehen und in Panko wenden. In einer Pfanne im Öl bei mittlerer bis starker Hitze etwa 40 Sekunden pro Seite braten.

## HOKKAIDOKÜRBIS
## SALSICCIA
## KNOBLAUCH

---

2 kleine Hokkaidokürbisse
8 kleine Fenchelsalsicce (ital. Bratwurst)
8 Scheiben Bacon
je etwas Salbei und Rosmarin
ein paar Lorbeerblätter
8 Knoblauchzehen
etwas Olivenöl
Meersalz
Pfeffer aus der Mühle

Den Backofen auf 180 °C vorheizen.

Die Kürbisse halbieren und die Kerne entfernen. Die Kürbisse mit Salsicce, Bacon, Salbei, Rosmarin, Lorbeer und geschältem Knoblauch füllen. Mit Olivenöl beträufeln, mit Meersalz und Pfeffer würzen.
Etwa 1 Stunde und 10 Minuten im Ofen backen.

HOKKAIDOKÜRBIS | 24.08.

# KARTOFFEL
# TOMATE
# SCHWEINEFILET

600 g Tomaten
3 Zwiebeln
2 Knoblauchzehen
200 ml Gemüsebrühe
100 ml passierte Tomaten
1 TL Zucker
je etwas Rosmarin und Salbei
Meersalz
Pfeffer aus der Mühle

800 g kleine Kartoffeln

2 Schweinefilets (à ca. 400 g)
3 EL Erdnussöl

6 Knoblauchzehen
4 EL Olivenöl


Tomaten waschen, mit geschälten Zwiebeln und Knoblauch grob hacken.
Alles in einem Topf mit Brühe, passierten Tomaten, Zucker, Rosmarin und Salbei
15 bis 20 Minuten zu einem saftigen Sugo einkochen. Mit Meersalz und Pfeffer würzen.

Die Kartoffeln gründlich abbürsten, etwa 10 Minuten kochen, abgießen und ausdampfen lassen.

Den Backofen auf 150 °C vorheizen.

Die Schweinefilets mit Meersalz und Pfeffer würzen. In einer Pfanne im Öl bei starker Hitze
rundherum kross anbraten.

Kartoffeln leicht zerdrücken, mit Knoblauchzehen auf einem mit Backpapier ausgelegten
Backblech verteilen, mit Olivenöl, Meersalz und Pfeffer würzen. Schweinefilets darauflegen
und im Ofen etwa 25 Minuten garen.

## KNOBLAUCH
## LIMETTE
## HÄHNCHENKEULE

1–2 Knoblauchknollen
8 kleine Zwiebeln
3 Lorbeerblätter
etwas Thymian
3 Hähnchenkeulen (ohne Haut)
Erdnussöl zum Braten
800 ml Hühnerbrühe

1 kleine Handvoll Petersilienblätter
1 Handvoll Korianderblätter
1 Bio-Limette
Meersalz
Pfeffer aus der Mühle

Knoblauchknollen quer halbieren. Mit geschälten Zwiebeln, Lorbeer, Thymian und Hähnchenkeulen in einem breiten Topf in wenig Erdnussöl bei mittlerer bis starker Hitze goldbraun anbraten. Mit Brühe ablöschen, zugedeckt bei schwacher Hitze etwa 40 Minuten köcheln lassen.

Petersilie, Koriander und in Scheiben geschnittene Limette dazugeben. Vom Herd nehmen und etwa 10 Minuten ziehen lassen. Mit Meersalz und Pfeffer würzen.

Das Fleisch vom Knochen lösen.

# ZWETSCHGE
# VANILLE
# TONKABOHNE

300 g Mehl
2 TL Backpulver
100 g Zucker
1 Ei
125 g Butter
1–2 EL Milch

700 g Zwetschgen
1 kleine Bio-Zitrone
50 g Rohrzucker
Mark von 1 Vanilleschote
1½ EL Speisestärke

½ Tonkabohne
200 ml Milch
300 g Sahne
180 g Zucker
6 Eigelb

Mehl, Backpulver, Zucker, Ei, Butter und Milch rasch zu einem glatten Teig verkneten.
Eine Tarteform (24 cm Durchmesser) damit auskleiden und etwa 1 Stunde in den Kühlschrank stellen.

Zwetschgen entsteinen. Zitrone heiß waschen, 1 TL Schale fein abreiben. Beides mit
Zucker und Vanillemark in einem Topf aufkochen, Speisestärke mit etwas Wasser glatt rühren und
unterrühren, 1 bis 2 Minuten köcheln und dann abkühlen lassen. Den Backofen auf 220 °C vorheizen.

Die Zwetschgen auf dem Teig in der Tarteform verteilen, Tarte im Ofen auf der untersten Schiene
etwa 30 Minuten backen. Die Temperatur auf 200 °C herunterschalten und weitere 15 Minuten backen.

Tonkabohne fein reiben, mit Milch und Sahne aufkochen, vom Herd nehmen und 30 Minuten ziehen
lassen, Zucker und die Eigelbe in einer Edelstahlschüssel schaumig schlagen, bis der Zucker
vollständig aufgelöst ist. Tonkamilch zur Eiermasse gießen und über dem heißem Wasserbad
dick und cremig schlagen, abkühlen lassen und in der Eismaschine etwa 30 Minuten gefrieren lassen.

# BROMBEERE
# VANILLE
# SCHOKOLADE

700 g Brombeeren
6 Blätter Gelatine

400 ml Traubensaft
2 EL Zitronensaft
5 EL Brombeersirup

250 g Sahne
¼ l Milch
Mark von 1 Vanilleschote
6 sehr frische Eigelb
100 g Zucker
50–100 ml Brandy

50 g dunkle Schokolade (80 % Kakaogehalt)

Die Brombeeren verlesen. Gelatine in kaltem Wasser einweichen.

Eine Kastenform (etwa 1 l Inhalt) mit Frischhaltefolie auskleiden.

Trauben- und Zitronensaft mit Brombeersirup leicht erwärmen, ausgedrückte Gelatine darin auflösen, 500 g Brombeeren unterheben und in die Form füllen. Über Nacht in den Kühlschrank stellen.

Sahne und Milch mit Vanillemark aufkochen, vom Herd nehmen, etwa 10 Minuten ziehen lassen. Eigelbe mit dem Zucker cremig aufschlagen und die Vanillesahne nach und nach unter die Eigelb-Zucker-Mischung rühren. Zurück in den Topf gießen und bei mittlerer Hitze zu einer dickflüssigen Sauce einkochen lassen. Den Brandy untermischen.

Restliche Brombeeren grob hacken. Schokolade reiben.

# BROMBEERE | 28.08.

# APFEL
# MAKRELE
# KORIANDER

800 g säuerliche Äpfel
70 g Ingwer
½ TL Salz
1 EL Rohrzucker
1 TL Chiliflocken
1 TL Cayennepfeffer
2 EL Zitronensaft
je etwas Shiso-Kresse, Dill und Koriander

1 große Handvoll Koriander
6 EL Olivenöl
4 Makrelen (à ca. 350 g, küchenfertig)
Erdnussöl zum Braten
Pfeffer aus der Mühle


Die Äpfel fein hobeln. Geschälten Ingwer fein reiben. Beides mit Salz, Zucker, Chiliflocken, Cayennepfeffer, Zitronensaft und Kräuterblättern vermischen, etwa 15 Minuten ziehen lassen.

Koriander mit Olivenöl mischen, Makrelen damit rundherum würzen. In einer Grillpfanne in Erdnussöl bei mittlerer bis starker Hitze etwa 4 Minuten pro Seite braten. Zum Schluss mit Pfeffer würzen.

# ROTKOHL
# RINDERFILET
# PESTO

600 g Rotkohl
2 EL Rotweinessig
1 EL Olivenöl
Meersalz
Pfeffer aus der Mühle
1 TL Rohrzucker

1 kleine Handvoll Pinienkerne
je 1 große Handvoll Basilikum- und Petersilienblätter
35 g Parmesan
60 ml Olivenöl
Saft von ½ Limette

400 g Rinderfilet

Rotkohl fein hobeln, mit Essig, Olivenöl, Meersalz, Pfeffer und Zucker etwa 10 Minuten durchkneten und 30 Minuten ziehen lassen.

Pinienkerne in einer Pfanne ohne Fett anrösten, mit Kräutern, fein geriebenem Parmesan, Olivenöl und Limettensaft cremig pürieren, mit Meersalz und Pfeffer würzen.

Das Rinderfilet sehr dünn aufschneiden.

FEIGE | 01.09.

# FEIGE
# STERNANIS
# SCHWEINEKOTELETT

2 rote Zwiebeln
30 g Ingwer
4 Sternanise
30 ml Sojasauce
1 Zimtstange
6 Gewürznelken
1 TL schwarze Pfefferkörner
1 EL Honig
400 ml Gemüsebrühe
8 Feigen

4 Ibérico-Schweinekoteletts (à ca. 300 g)
Meersalz
Pfeffer aus der Mühle
Erdnussöl zum Braten

Geschälte Zwiebeln in Scheiben schneiden. Ingwer hobeln. Zwiebeln, Ingwer, Sternanis, Sojasauce, Zimt, Nelken, Pfeffer, Honig und Brühe aufkochen, etwa 5 Minuten köcheln lassen. Die Feigen hineingeben und etwa 1 Minute mitköcheln.

Die Koteletts mit Meersalz und Pfeffer würzen, in einer Grillpfanne in Erdnussöl bei mittlerer bis starker Hitze etwa 3 Minuten pro Seite braten, etwa 2 Minuten ruhen lassen.

## KNOLLENSELLERIE
## ZANDER
## PETERSILIE

1 Sellerieknolle (ca. 800 g)
etwas Olivenöl
Meersalz
Pfeffer aus der Mühle

1 Handvoll Petersilie
2 Schalotten
¼ l Hühnerbrühe

4 Zanderfilets mit Haut (à ca. 180 g)
Erdnussöl zum Braten

Den Backofen auf 180 °C vorheizen.

Sellerie waschen, auf einem mit Backpapier ausgelegten Backblech im Ofen etwa 3 Stunden backen. Schälen, in dünne Scheiben schneiden, mit Olivenöl beträufeln und mit Meersalz und Pfeffer würzen.

Petersilie mit geschälten Schalotten in der Brühe aufkochen, fein pürieren, durch ein Sieb streichen, mit Meersalz und Pfeffer abschmecken.

Zanderfilets mit Meersalz und Pfeffer würzen, in einer Pfanne in Erdnussöl bei mittlerer bis starker Hitze etwa 2 Minuten auf der Hautseite braten, wenden, vom Herd nehmen und etwa 3 Minuten ziehen lassen.

# KNOLLENSELLERIE | 13.09.

WEISSKOHL | 15.09.

# WEISSKOHL
# KICHERERBSEN
# SAFRAN

---

265 g Kichererbsen (aus der Dose, Abtropfgewicht)

3 rote Zwiebeln
2 Knoblauchzehen
1 Chilischote
1 TL Fenchelsamen
1 Döschen Safranfäden
1–2 TL Paprikapulver (edelsüß)
¼ TL geräuchertes Paprikapulver
3 EL Olivenöl
800 ml Hühnerbrühe
400 g junge Weißkohlblätter
Meersalz
Pfeffer aus der Mühle

Die Kichererbsen in ein Sieb abgießen, gut abbrausen und abtropfen lassen.

Geschälte Zwiebeln und Knoblauch klein hacken, beides mit halbierter Chilischote, Fenchel, Safran, beiden Paprikapulvern, Olivenöl und Brühe aufkochen. Weißkohl hineingeben, zugedeckt etwa 15 Minuten köcheln lassen. Kichererbsen hinzufügen, ohne Deckel weitere 5 Minuten köcheln lassen. Mit Meersalz und Pfeffer würzen.

# WEINTRAUBE
# WEINBLÄTTER
# WOLFSBARSCH

ca. 20 Weinblätter
Salz

4 Wolfsbarsche (à 350–400 g, küchenfertig)
je 1 kleine Handvoll Minze und Dill
je 1 Handvoll Koriander und Petersilie
Saft von 1 Zitrone
etwas Olivenöl
Meersalz
Pfeffer aus der Mühle
2 große Handvoll helle Weintrauben

Weinblätter in Salzwasser etwa 5 Minuten kochen, abgießen und gut abbrausen.

Den Backofen auf 210 °C vorheizen.

Die Fische innen und außen mit Kräutern, Zitronensaft, Olivenöl, Meersalz und Pfeffer würzen. Mit Weinblättern umwickeln und zusammenbinden. Mit den Weintrauben auf einem mit Backpapier ausgelegten Backblech im Ofen etwa 18 Minuten garen, herausnehmen und 3 Minuten ruhen lassen.

WEINTRAUBE 16.09.

BLAUHILDE-BOHNE | 17.09.

# BLAUHILDE-BOHNE
# OLIVE
# SALAMI

---

150 g Fregola Sarda

600 g Blauhilde-Bohnen
Salz
80 g schwarze Oliven (ohne Stein)
30 g Parmesan
2 Zwiebeln
1 große Handvoll Basilikumblätter
1 EL Honig
3 EL Rotweinessig
3 EL Olivenöl

100 g ungarische Paprikasalami
etwas Erdnussöl zum Braten

Die Pasta nach Packungsanweisung bissfest kochen.

Die Bohnen putzen, in kochendem Salzwasser etwa 12 Minuten garen, abgießen und abschrecken. Mit Pasta, Oliven, geriebenem Parmesan, fein gehackten Zwiebeln, Basilikum, Honig, Essig und Olivenöl mischen. Etwa 30 Minuten ziehen lassen.

Die Salami in feine Scheiben schneiden und in einer Pfanne mit wenig Öl knusprig braten.

# FRÜHLINGSZWIEBEL
## FRÜHLINGSROLLENBLATT
### ROTBARSCH

2 große rote Zwiebeln
30 g Ingwer
3 Knoblauchzehen
Erdnussöl zum Braten
400 ml Gemüsebrühe
2 getrocknete Chilischoten
2 EL Fischsauce
3 EL Sojasauce

4 Rotbarschfilets (à ca. 180 g, mit Haut)
Meersalz
Pfeffer aus der Mühle

8 Frühlingszwiebeln
1-2 TL Chiliflocken
einige Tropfen Sesamöl
8 Frühlingsrollenblätter
Öl zum Frittieren

Rote Zwiebeln schälen und in Würfel schneiden. Ingwer und Knoblauch schälen und fein reiben. Alles in einem Topf in Erdnussöl bei mittlerer bis starker Hitze etwa 2 Minuten anrösten, mit Brühe, Chilis, Fisch- und Sojasauce ablöschen, aufkochen und vom Herd nehmen.

Rotbarschfilets mit Meersalz und Pfeffer würzen. In einer Pfanne in Erdnussöl auf der Hautseite etwa 3 Minuten anbraten, wenden, noch 1 Minute braten, dann in den Zwiebelsud legen.

Frühlingszwiebeln putzen, mit Chiliflocken und Sesamöl würzen. In die Frühlingsrollenblätter fest einrollen und in heißem Öl frittieren.

# FRÜHLINGSZWIEBEL | 21.09.

GURKE | 22.09.

# GURKE
# KLEINE FISCHE
# JOGHURT

1 Salatgurke
je 1½ TL Schwarz- und Kreuzkümmelsamen
je 1 Handvoll Dill und Korianderblätter
1 rote Chilischote
150 g griechischer Joghurt
100 g Naturjoghurt
2 EL Zitronensaft
1 TL Zucker
Meersalz
Pfeffer aus der Mühle

4 EL Mehl
1 Handvoll Petersilienblätter

1 kg kleine Fische (z.B. Sardinen, Stinte, küchenfertig)
2 Eier
150 g Semmelbrösel
Öl zum Frittieren


Die Gurke in kleine Würfel schneiden. Die Schwarz- und Kreuzkümmelsamen in einer Pfanne ohne Fett rösten. Beides mit gehackten Kräutern und Chili, beiden Joghurts, Zitronensaft und Zucker vermischen, mit Meersalz und Pfeffer würzen.

Das Mehl mit gehackter Petersilie, Meersalz und Pfeffer mischen.

Die Fische im Mehl wenden, durch die verquirlten Eier ziehen und in Semmelbröseln wenden. In heißem Öl knusprig frittieren.

# BLUMENKOHL
# SCHWARZER REIS
# AVOCADO

250 g Venere-Reis
50 g geschälte Mandeln
100 g Cashewkerne
je 1 EL Fenchel-, Koriander- und Kreuzkümmelsamen
je ½ EL Garam Masala und Madras-Currypulver

2 Knoblauchzehen
30 g Ingwer
1 rote Chilischote
300 g Tomaten
3 EL Erdnussöl
200 g Sahne
350 ml Gemüsebrühe
1 Döschen Safranfäden
Meersalz
Pfeffer aus der Mühle

1 großer Blumenkohl
2-3 EL Erdnussöl

1 Avocado
1-2 EL Limettensaft

Den Reis nach Packungsanweisung garen. Mandeln grob hacken und in einer Pfanne ohne Fett anrösten. Mit Cashewkernen, Fenchel-, Koriander-, Kreuzkümmelsamen, Garam Masala und Curry im Mörser zu einer Paste verarbeiten.

Geschälten Knoblauch und Ingwer mit Chili fein hacken. Tomaten klein würfeln. Alles in Erdnussöl in einem Topf bei mittlerer bis starker Hitze etwa 2 Minuten anrösten. Sahne, Brühe und Safran hinzufügen, bei schwacher Hitze etwa 20 Minuten köcheln lassen. Die Paste unterrühren, mit Meersalz und Pfeffer würzen.

Blumenkohl in Röschen zerteilen, in Salzwasser 3 Minuten blanchieren und abgießen. In einer Pfanne im Erdnussöl bei mittlerer bis starker Hitze rundherum anrösten, mit Meersalz und Pfeffer würzen.

Avocacofruchtfleisch mit Limettensaft fein pürieren, mit Meersalz und Pfeffer würzen.

MAIS | 28.09.

# MAIS
# GARAM MASALA
# KAISERLING

200 g weiche gesalzene Butter
je 1 TL Garam Masala, scharfes Madras-Currypulver und Chiliflocken
1 Handvoll Korianderblätter
Meersalz
Pfeffer aus der Mühle

4 Maiskolben

4 Kaiserlinge (Pilze)


Die Butter mit Garam Masala, Curry, Chiliflocken und gehacktem Koriander vermischen.
Mit Meersalz und Pfeffer würzen.

Die Maiskolben in Salzwasser etwa 10 Minuten kochen und abgießen.
Auf dem Grill oder in der Grillpfanne bei mittlerer Hitze etwa 10 Minuten rundherum grillen.

Die Pilze putzen und in dünne Scheiben schneiden.

# SCHWARZKOHL ENTENKEULE AHORNSIRUP

1 TL 5-Gewürze-Pulver
je 1 EL Honig und Olivenöl
2 EL Orangensaft
4 Entenkeulen

800 g mehligkochende Kartoffeln
Entenschmalz zum Braten
1 Handvoll Petersilienblätter
Meersalz
Pfeffer aus der Mühle

600 g Schwarzkohl
3 EL Ahornsirup
100 ml Gemüsebrühe

Den Backofen auf 200 °C vorheizen.

5-Gewürze-Pulver, Honig, Olivenöl und Orangensaft verrühren und die Entenkeulen damit einreiben. Auf dem Gitter im Ofen mit einem Abtropfblech darunter etwa 50 Minuten rösten, die Temperatur auf 180 °C herunterschalten und die Entenkeulen noch etwa 30 Minuten fertig garen.

Die Kartoffeln schälen und klein würfeln. In einer großen beschichteten Pfanne bei mittlerer bis starker Hitze in Entenschmalz etwa 20 Minuten rundherum braten. Die Petersilie hinzufügen. Mit Meersalz und Pfeffer würzen.

Den Schwarzkohl waschen und klein hacken. In Salzwasser 5 Minuten blanchieren und in ein Sieb abgießen. Dann mit Ahornsirup und Brühe in einem Topf zugedeckt etwa 15 Minuten schmoren. Mit Meersalz und Pfeffer würzen.

SCHWARZKOHL | 29.09.

BIRNE | 30.09.

# BIRNE
# PROSCIUTTO DI PARMA
# MOZZARELLA

500 g Birnen
Saft von ½ Limette

1 kleine Handvoll Basilikumblätter
Meersalz

8 Scheiben Prosciutto di Parma (Parmaschinken)
Erdnussöl zum Braten

2 Mozzarellakugeln


Die Birnen schälen, entkernen und in Spalten schneiden. In einem Topf mit 80 ml Wasser und Limettensaft zugedeckt etwa 8 Minuten köcheln lassen. Den Deckel abnehmen und die Birnen unter Schwenken weiterkochen, bis die Flüssigkeit vollständig verdampft ist.

Die Hälfte der Birnen mit Basilikum fein pürieren. Mit Meersalz würzen.

Prosciutto in einer Pfanne in wenig Erdnussöl kross braten.

Mozzarella grob zerteilen.

# QUITTE
# SCHWEINEBAUCH
# VOGELMIERE

1 kg Schweinbauch (mit Schwarte)
je 2 TL Kreuzkümmelsamen und Szechuanpfeffer
3 getrocknete Chilischoten
750 ml Pflaumenwein

1 kg Quitten
100 ml Weißwein
800 ml Gemüsebrühe
etwas Zucker
Meersalz
Pfeffer aus der Mühle

1 große Handvoll Vogelmiere

Den Backofen auf 200 °C vorheizen.

Die Schwarte vom Schweinebauch einritzen. Kreuzkümmel in einer Pfanne ohne Fett anrösten. Mit Szechuanpfeffer und Chilis fein mörsern. Den Schweinebauch damit rundherum einreiben. Schweinebauch mit der Schwarte nach oben mit dem Pflaumenwein in einem Bräter im Ofen etwa 2 Stunden garen. Die Temperatur auf 160 °C herunterschalten, etwa 1 Stunde weitergaren. Dann die Temperatur auf 240 °C erhöhen und den Schweinebauch noch etwa 30 Minuten fertig backen, bis die Schwarte knusprig ist.

Die Quitten schälen, entkernen und klein schneiden. Mit Weißwein und Brühe in einem Topf weich kochen, abgießen und fein pürieren. Mit Zucker, Meersalz und Pfeffer würzen.

Vogelmiere waschen und trocken schütteln.

# STECKRÜBE
# LEBER
# ZWIEBEL

1 kg Steckrüben
100 g Möhren
1 Zwiebel
Meersalz
2 EL gesalzene Butter
etwas Sahne
Pfeffer aus der Mühle

1 Gemüsezwiebel
1 EL Butter
2 EL Erdnussöl
4 Putenlebern (à ca. 100 g)
100 ml Hühnerbrühe
100 ml Rotwein
1 TL Tomatenmark
etwas Zucker

Steckrüben, Möhren und Zwiebel schälen und klein schneiden. In Salzwasser garen, abgießen, mit Butter und Sahne zerstampfen, mit Meersalz und Pfeffer würzen.

Gemüsezwiebel schälen und in dünne Ringe schneiden, in einer Pfanne bei mittlerer bis starker Hitze in Butter und Öl anrösten und herausnehmen. Die Lebern in der Pfanne auf jeder Seite etwa 4 Minuten anbraten. Zwiebelringe mit Brühe, Rotwein, Tomatenmark und Zucker dazugeben und bei schwacher Hitze etwa 3 Minuten schmoren.
Mit Meersalz und Pfeffer würzen.

## WIRSING RINDERFILET TAMARINDE

800 g Rinderfilet
Meersalz
Pfeffer aus der Mühle
Erdnussöl zum Braten

800 g Wirsing
2 EL Zucker
600 ml Rinderbrühe
50 ml Sojasauce
1–2 TL Chiliflocken
1 gehäufter EL Tamarindenpaste

Den Backofen auf 150 °C vorheizen.

Das Rinderfilet rundherum mit Meersalz und Pfeffer würzen, in einer Pfanne in Erdnussöl bei starker Hitze von allen Seiten scharf anbraten. Danach in der Pfanne im Ofen etwa 30 Minuten fertig garen, zwischendurch immer wieder wenden.

Den Wirsing in dünne Streifen schneiden. Den Zucker in einer Pfanne leicht karamellisieren, Wirsing hinzufügen, etwa 3 Minuten anrösten. Brühe, Sojasauce, Chiliflocken und Tamarinde dazugeben, etwa 2 Minuten köcheln.

FENCHEL 20.10.

# FENCHEL SUGO KARTOFFEL

1 Gemüsezwiebel
3 Knoblauchzehen
800 g Tomaten
1 Peperoni
Erdnussöl zum Braten
600 g gemischtes Hackfleisch
1 EL Tomatenmark
400 ml Hühnerbrühe
4 Fenchelknollen
Meersalz, Pfeffer aus der Mühle

600 g mehligkochende Kartoffeln
2 Eigelb
50 g Speisestärke

je 1 Handvoll Petersilien- und Basilikumblätter
je 1 kleine Handvoll Pinienkerne und Mandelsplitter
40 g Parmesan
100 ml Olivenöl
250 g Crème fraîche
1 TL abgeriebene Bio-Zitronenschale


Zwiebel, Knoblauch und Peperoni hacken, Tomaten klein schneiden. In einer Kasserolle in Erdnussöl bei mittlerer bis starker Hitze etwa 5 Minuten anbraten. Die Temperatur erhöhen, das Hackfleisch hinzufügen und 10 Minuten mitbraten. Tomatenmark unterrühren, mit Brühe ablöschen und aufkochen. Den Fenchel putzen, längs halbieren, zum Tomatensugo geben und zugedeckt bei schwacher Hitze etwa 30 Minuten schmoren, mit Meersalz und Pfeffer würzen.

Die Kartoffeln etwa 20 Minuten garen, abgießen, schälen und durch die Kartoffelpresse drücken. Rasch mit Eigelben und 30 g Speisestärke verkneten, etwa 30 Minuten ruhen lassen. Kleine Knödel daraus formen und in restlicher Speisestärke wenden. Knödel in kochendes Salzwasser geben, den Topf vom Herd nehmen und die Knödel etwa 10 Minuten ziehen lassen, bis sie nach oben steigen.

Die Kräuter mit Pinienkernen, Mandeln, geriebenem Parmesan und Olivenöl nicht zu fein pürieren, mit Meersalz und Pfeffer würzen.
Crème fraîche mit Zitronenschale verrühren, mit Meersalz und Pfeffer würzen.

# MEERRETTICH
# LACHS
# KURKUMA

200 ml Milch
200 ml Hühnerbrühe
1-2 TL Kurkumapulver
Meersalz
Pfeffer aus der Mühle

1 große Handvoll Shiitake-Pilze

4 Lachsfilets (à ca. 160 g)
Erdnussöl zum Braten
4 Knoblauchzehen
2 rote Chilischoten
1 Handvoll Koriander

1 kleine Meerrettichwurzel

Milch, Brühe und Kurkuma aufkochen, mit Meersalz und Pfeffer würzen.

Shiitake-Pilze putzen.

Lachs mit Meersalz und Pfeffer würzen, in einer Pfanne in Erdnussöl bei starker Hitze etwa 2 Minuten anbraten, wenden, Shiitake, halbierte Knoblauchzehen, Chilis und Koriander hinzufügen. Pfanne vom Herd nehmen, zugedeckt etwa 2 Minuten ziehen lassen.

Meerrettich schälen und fein reiben.

# MEERRETTICH | 30.11.

# PETERSILIENWURZEL
# MEERBARBE
# KAVIAR

---

300 g Petersilienwurzeln
4 Frühlingszwiebeln
1 EL schwarze Sesamsamen
1 rote Chilischote
1 Handvoll Korianderblätter
10 EL Sojasauce
1 EL Fischsauce
3 EL Mirin

8 Meerbarben (à ca. 100 g, küchenfertig)
Meersalz
4 EL Mehl
Erdnussöl zum Braten

4 TL Kaviar


Petersilienwurzeln schälen und sehr fein hobeln. Frühlingszwiebeln in Streifen schneiden. Sesam in einer Pfanne ohne Fett anrösten. Petersilienwurzeln, Frühlingszwiebeln, Sesam, gehackte Chili, Koriander, Soja- und Fischsauce und Mirin mischen, etwa 1 Stunde ziehen lassen.

Meerbarben in gesalzenem Mehl wenden, in einer Pfanne in Erdnussöl bei mittlerer bis starker Hitze etwa 3 Minuten pro Seite kross anbraten, etwa 3 Minuten ruhen lassen.

Kaviar dazugeben.

# PASTINAKE
# PINIENKERNE
# AUSTER

1 kg Pastinaken
1 kleine Handvoll Rosmarinnadeln
1 EL gesalzene Butter
1 EL Entenschmalz
4 EL Ahornsirup
1 Handvoll Pinienkerne
Meersalz
Pfeffer aus der Mühle

12 Austern

Den Ofen auf 200 °C vorheizen.

Pastinaken schälen und mit Rosmarin, Butter,
Schmalz und Ahornsirup auf einem Backblech im Ofen etwa 40 Minuten garen.
2 Minuten vor Ende der Garzeit die Pinienkerne darüberstreuen. Mit Meersalz und Pfeffer würzen.

Die Austern öffnen. Dafür die Austern mit einem Tuch festhalten, seitlich mit einem Austernmesser
kräftig einstechen, das Messer nach oben neigen und die Schale öffnen.
Das Austernfleisch vom oberen Schalendeckel lösen.

ROSENKOHL | 12.12.

# ROSENKOHL
# RINDERBRUST
# PARMESAN

---

350 g Knollensellerie
200 g Möhren
3 Zwiebeln
2–2½ kg Rinderbrust mit Knochen
Meersalz
Pfeffer aus der Mühle
Erdnussöl zum Braten
1 EL schwarze Pfefferkörner
1 EL Pimentkörner
600 ml Rotwein
2 EL Tomatenmark
½ l Rinderbrühe
4 Lorbeerblätter

400 g Rosenkohlblätter
1 EL Butter
etwas Sahne
4 Stücke Parmesan (à ca. 20 g)


Den Backofen auf 180 °C vorheizen.

Sellerie, Möhren und Zwiebeln schälen und in Würfel schneiden.
Rinderbrust mit Meersalz und Pfeffer würzen, in einem Bräter in Erdnussöl bei starker Hitze rundherum anbraten und herausnehmen. Gemüse, Pfefferkörner und Piment hineingeben, etwa
3 Minuten anbraten, 300 ml Rotwein hinzufügen, auf etwa die Hälfte einkochen lassen. Tomatenmark unterrühren, Brühe, restlichen Rotwein, Lorbeer und Rinderbrust hineingeben, aufkochen, zugedeckt im Ofen etwa 3 Stunden schmoren. Das Fleisch zwischendurch einmal wenden.

Geputzte Rosenkohlblätter in kochendem Salzwasser etwa 4 Minuten garen und abgießen.
Mit Butter und Sahne zurück in den Topf geben, mit Meersalz und Pfeffer würzen.
Die Parmesanstücke darauflegen, zugedeckt etwa 2 Minuten ziehen lassen.

# LAUCH
# MIESMUSCHEL
# WEISSWEIN

700 g Lauch
100 g mehligkochende Kartoffeln
2 Zwiebeln
1 EL gesalzene Butter
2 EL Erdnussöl
750 ml Gemüsebrühe
Meersalz
Pfeffer aus der Mühle
2 EL Crème fraîche

ca. 100 g Lauch
1 große Handvoll Miesmuscheln (küchenfertig)
100 ml Weißwein
1 Handvoll Dill

Lauch mit geschälten Kartoffeln und Zwiebeln klein schneiden. In einem Topf bei mittlerer bis starker Hitze in Butter und Öl etwa 3 Minuten anrösten, mit Brühe ablöschen, zugedeckt etwa 20 Minuten köcheln lassen. Fein pürieren, mit Meersalz und Pfeffer würzen und die Crème fraîche unterrühren.

Lauch in Scheiben schneiden. Miesmuscheln mit Lauch, Weißwein und Dill zugedeckt in einem Topf bei starker Hitze etwa 3 Minuten garen. Mit Meersalz und Pfeffer würzen. Geschlossene Muscheln aussortieren.

# PORTULAK
# EI
# ARGANÖL

5 Eier (Größe M)
etwas Mehl
Meersalz
Pfeffer aus der Mühle
1 große Handvoll Semmelbrösel
Frittieröl

3 Schalotten
2 große Handvoll Portulak
etwas Arganöl

4 Eier in kaltes Wasser geben, aufkochen, 3 ½ Minuten kochen, abgießen, abschrecken und pellen.
Mehl mit Meersalz und Pfeffer mischen, restliches Ei verquirlen.
Die Eier vorsichtig im Mehl wenden, danach durch das verquirlte Ei ziehen und in Semmelbröseln wenden. Eier in heißem Öl goldbraun frittieren.

Geschälte Schalotten fein würfeln, mit geputztem Portulak und Arganöl vermischen.
Mit Meersalz und Pfeffer würzen.

## SCHWARZWURZEL RINDERNACKEN BLUTORANGE

400 g Zwiebeln
6 Knoblauchzehen

1½ kg Rindernacken
Meersalz
Pfeffer aus der Mühle
Erdnussöl zum Braten
1½ EL Tomatenmark
800 ml Rinderbrühe

1 kg Schwarzwurzeln
200 g mehligkochende Kartoffeln
2 Zwiebeln
1 EL gesalzene Butter
1 TL abgeriebene Bio-Zitronenschale
etwas Sahne

1–2 Blutorangen


Den Backofen auf 180 °C vorheizen.

Geschälte Zwiebeln und Knoblauch grob hacken.

Rindernacken mit Meersalz und Pfeffer würzen, in einer Kasserolle bei starker Hitze in Erdnussöl anbraten und herausnehmen. Zwiebeln und Knoblauch hineingeben, goldbraun anrösten, Tomatenmark unterrühren, mit Brühe ablöschen und alles aufkochen. Rindernacken zurück in die Kasserolle geben und zugedeckt im Ofen etwa 4 Stunden schmoren. Mit Meersalz und Pfeffer würzen.

Geschälte Schwarzwurzeln, Kartoffeln und Zwiebeln würfeln und in Salzwasser etwa 20 Minuten garen. Abgießen, mit Butter, Zitronenschale und Sahne zerstampfen. Mit Meersalz und Pfeffer würzen.

Blutorange schälen und in dünne Scheiben schneiden.

SCHWARZWURZEL 01.03.

# REGISTER

## A

**APFEL**
Makrele,
Koriander | 138

**ARTISCHOCKE**
Kichererbsen,
Pasta | 97

**AUBERGINE**
Reisnudeln,
Sepia | 102

## B

**BÄRLAUCH**
Kaninchen,
Erdnuss | 11

**BIRNE**
Prosciutto Di Parma,
Mozzarella | 176

**BLAUBEERE**
Burrata,
Chiliflocken | 108

**BLAUHILDE-BOHNE**
Olive,
Salami | 156

**BLUMENKOHL**
Schwarzer Reis,
Avocado | 165

**BOYSENBEERE**
Korianderblüten,
Feta | 84

**BROKKOLIBLÄTTER**
Garnele,
Reis | 47

**BROMBEERE**
Vanille,
Schokolade | 133

## C

**CHINAKOHL**
Wachtel,
Kokosnuss | 90

## D

**DICKE BOHNEN**
Pistazie,
Entenbrust | 85

## F

**FEIGE**
Sternanis,
Schweinekoteletts | 144

**FENCHEL**
Sugo,
Kartoffel | 188

**FRÜHLINGSZWIEBEL**
Frühlingsrollenblatt,
Rotbarsch | 157

## G

**GIERSCH**
Gänseblümchen,
Salsiccia | 17

**GRÜNER SPARGEL**
Calamaretti,
Linsen | 23

**GRÜNE TOMATE**
Parmesan,
Couscous | 114

**GURKE**
Kleine Fische,
Joghurt | 164

## H

**HIMBEERE**
Olive,
Schafsjoghurt | 103

**HOKKAIDOKÜRBIS**
Salsiccia,
Knoblauch | 121

## K

**KARTOFFEL**
Tomate,
Schweinefilet | 126

**KIRSCHE**
Dessertwein,
Schweinekruste | 59

**KNOBLAUCH**
Limette,
Hähnchenkeule | 127

**KNOLLENSELLERIE**
Zander
Petersilie | 145

**KOHLRABI**
Lachs,
Kabeljau | 78

**KORIANDER**
Schweinefilet,
Sojasauce | 28

## L

**LAUCH**
Miesmuschel,
Weißwein | 203

**LIEBSTÖCKEL**
Heu,
Forelle | 16

## M

**MAIS**
Garam Masala,
Kaiserling | 170

**MEERRETTICH**
Lachs,
Kurkuma | 189

**MÖHRE**
Kokosnuss,
Granatapfel | 115

## P

**PAK CHOI**
Lamm,
Curry | 64

**PASTINAKE**
Pinienkerne,
Auster | 195

**PETERSILIEN-WURZEL**
Meerbarbe,
Kaviar | 194

**PORTULAK**
Ei,
Arganöl | 208

## Q

**QUITTE**
Schweinebauch,
Vogelmiere | 177

## R

**RADICCHIO**
Rochen
Rosmarin | 109

**RHABARBER**
Schweinekotelett,
Aubergine | 22

**ROSENKOHL**
Rinderbrust,
Parmesan | 202

**ROSMARIN**
Hähnchen,
Senf | 34

**ROTE BETE**
Garam Masala,
Entrecôte | 91

**ROTE JOHANNISBEERE**
Apfel,
Butter | 65

**ROTER RETTICH**
Wassermelone,
Eiskraut | 58

**ROTKOHL**
Rinderfilet,
Pesto | 139

**RUCOLA**
Dorsch,
Miso | 52

## S

**SALBEI**
Bacon,
Vongole | 40

**SCHNITTLAUCH**
Lamm,
Kichererbsen | 29

**SCHWARZKOHL**
Entenkeule,
Ahornsirup | 171

**SCHWARZWURZEL**
Rindernacken,
Blutorange | 209

**SPINAT**
Pasta,
Ei | 35

**SPITZPAPRIKA**
Mirabelle,
Bulgur | 96

**STACHELBEERE**
Eiweiß,
Zucker | 41

**STECKRÜBE**
Leber,
Zwiebel | 182

**STRAUCHBASILIKUM**
Kabeljau,
Olive | 73

## T

**TOPINAMBUR**
Kirschtomate,
Kräuter | 10

## W

**WALDERDBEERE**
Schokolade
Crème double | 72

**WEINTRAUBE**
Weinblätter,
Wolfsbarsch | 151

**WEISSKOHL**
Kichererbsen,
Safran | 150

**WIRSING**
Rinderfilet,
Tamarinde | 183

## Z

**ZITRONENGRAS**
Gurke,
Ei | 53

**ZUCCHINIBLÜTE**
Kapern,
Pecorino | 46

**ZUCKERSCHOTE**
Erbse,
Joghurt | 79

**ZWETSCHGE**
Vanille,
Tonkabohne | 132

**ZWIEBEL**
Erbse,
Jakobsmuschel | 120

## FISCH

**APFEL**
Makrele,
Koriander | 138

**FRÜHLINGSZWIEBEL**
Frühlingsrollenblatt,
Rotbarsch | 157

**GURKE**
Kleine Fische,
Joghurt | 164

**KNOLLENSELLERIE**
Zander,
Petersilie | 145

**KOHLRABI**
Lachs,
Kabeljau | 78

**LIEBSTÖCKEL**
Heu,
Forelle | 16

**MEERRETTICH**
Lachs,
Kurkuma | 189

**PETERSILIEN-WURZEL**
Meerbarbe,
Kaviar | 194

**RADICCHIO**
Rochen
Rosmarin | 109

**RUCOLA**
Dorsch,
Miso | 52

**STRAUCHBASILIKUM**
Kabeljau,
Olive | 73

**WEINTRAUBE**
Weinblätter,
Wolfsbarsch | 151

## FLEISCH

**FEIGE**
Sternanis,
Kotelett | 144

**GIERSCH**
Gänseblümchen,
Salsiccia | 17

**KARTOFFEL**
Tomate,
Schweinefilet | 126

**KIRSCHE**
Dessertwein,
Schweinekruste | 59

**KORIANDER**
Schweinefilet,
Sojasauce | 28

**PAK CHOI**
Lamm,
Curry | 64

**QUITTE**
Schweinebauch,
Vogelmiere | 177

**RHABARBER**
Schweinekotelett,
Aubergine | 22

**ROSENKOHL**
Rinderbrust,
Parmesan | 202

**ROTE BETE**
Garam Masala,
Entrecôte | 91

**ROTKOHL**
Rinderfilet,
Pesto | 139

**SCHNITTLAUCH**
Lamm,
Kichererbsen | 29

**SCHWARZWURZEL**
Rindernacken,
Blutorange | 209

**WIRSING**
Rinderfilet,
Tamarinde | 183

## GEFLÜGEL & WILD

**BÄRLAUCH**
Kaninchen,
Erdnuss | 11

**CHINAKOHL**
Wachtel,
Kokosnuss | 90

**DICKE BOHNE**
Pistazie,
Entenbrust | 85

**KNOBLAUCH**
Limette,
Hähnchenkeule | 127

**ROSMARIN**
Hähnchen,
Senf | 34

**SCHWARZKOHL**
Entenkeule,
Ahornsirup | 171

**STECKRÜBE**
Leber,
Zwiebel | 182

## KARTOFFELN

**FENCHEL**
Sugo,
Kartoffel | 188

**KARTOFFEL**
Tomate,
Schweinefilet | 126

**LAUCH**
Miesmuschel,
Weißwein | 203

**ROTE BETE**
Garam Masala,
Entrecôte | 91

**SCHWARZKOHL**
Entenkeule,
Ahornsirup | 171

## MEERES-FRÜCHTE

**AUBERGINE**
Reisnudeln,
Sepia | 102

**BROKKOLIBLÄTTER**
Garnele,
Reis | 47

**GRÜNER SPARGEL**
Calamaretti,
Linsen | 23

**LAUCH**
Miesmuschel,
Weißwein | 203

**PASTINAKE**
Pinienkerne,
Austern | 195

**SALBEI**
Bacon,
Vongole | 40

**ZWIEBEL**
Erbse,
Jakobsmuschel | 120

## NUDELN & PIZZA

**ARTISCHOCKE**
Kichererbsen,
Pasta | 97

**AUBERGINE**
Reisnudeln,
Sepia | 102

**BLAUHILDE-BOHNE**
Olive,
Salami | 156

**RUCOLA**
Dorsch,
Miso | 52

SPINAT
Pasta,
Ei | 35

ZITRONENGRAS
Gurke,
Ei | 53

ZUCCHINIBLÜTE
Kapern,
Pecorino | 46

## REIS

BLUMENKOHL
Schwarzer Reis,
Avocado | 165

BROKKOLIBLÄTTER
Garnele,
Reis | 47

SALBEI
Bacon,
Vongole | 40

## SALATE

BLAUHILDE-
BOHNE
Olive,
Salami | 156

CHINAKOHL
Wachtel,
Kokosnuss | 90

GIERSCH
Gänseblümchen,
Salsiccia | 17

GURKE
Kleine Fische,
Joghurt | 164

HIMBEERE
Olive,
Schafsjoghurt | 103

PORTULAK
Ei,
Arganöl | 208

ROTER RETTICH
Wassermelone,
Eiskraut | 58

ROTKOHL
Rinderfilet,
Pesto | 139

TOPINAMBUR
Kirschtomate,
Kräuter | 10

ZUCKERSCHOTE
Erbse,
Joghurt | 79

## SUPPEN

KNOBLAUCH
Limette,
Hähnchenkeule | 127

LAUCH
Miesmuschel,
Weißwein | 203

MÖHRE
Kokosnuss,
Granatapfel | 115

WEISSKOHL
Kichererbsen,
Safran | 150

WIRSING
Rinderfilet,
Tamarinde | 183

ZITRONENGRAS
Gurke,
Ei | 53

## SÜSSES & DESSERTS

BROMBEERE
Vanille,
Schokolade | 133

ROTE
JOHANNISBEERE
Apfel,
Butter | 65

STACHELBEERE
Eiweiß,
Zucker | 41

WALDERDBEERE
Schokolade
Crème double | 72

ZWETSCHGE
Vanille,
Tonkabohne | 132

## VEGETARISCH

ARTISCHOCKE
Kichererbsen,
Pasta | 97

BLAUBEEREN
Burrata,
Chiliflocken | 108

BLUMENKOHL
Schwarzer Reis,
Avocado | 165

BOYSENBEERE
Korianderblüten,
Feta | 84

BROMBEERE
Vanille,
Schokolade | 133

HIMBEERE
Olive,
Schafsjoghurt | 103

MAIS
Garam Masala,
Kaiserling | 170

PORTULAK
Ei,
Arganöl | 208

ROTE
JOHANNISBEERE
Apfel,
Butter | 65

ROTER RETTICH
Wassermelone,
Eiskraut | 58

SPINAT
Pasta,
Ei | 35

SPITZPAPRIKA
Mirabelle,
Bulgur | 96

STACHELBEERE
Eiweiß,
Zucker | 41

TOPINAMBUR
Kirschtomate,
Kräuter | 10

WALDERDBEERE
Schokolade
Crème double | 72

ZITRONENGRAS
Gurke,
Ei | 53

ZUCCHINIBLÜTE
Kapern,
Pecorino | 46

ZUCKERSCHOTE
Erbse,
Joghurt | 79

ZWETSCHGE
Vanille,
Tonkabohne | 132

# IMPRESSUM

© 2019 ZS Verlag GmbH
Kaiserstraße 14 b
D-80801 München

ISBN 978-3-89883-870-2
2. Auflage 2020

Projektleitung: Alexandra Gudzent
Vorwort: Carolin Fried
Lektorat: Edelgard Prinz-Korte
Grafik & Satz: Kerstin Palan
Fotografie: Thorsten Suedfels
Rezepte & Foodstyling: Adam Koor
Styling: Meike Stüber
Herstellung: Frank Jansen
Producing: Jan Russok
Druck & Bindung: aprinta druck GmbH

Kurze Wege schonen die Umwelt
Dieses Buch wurde in Deutschland gedruckt

Im Buch enthaltene Fotos können zur eigenen Nutzung erworben werden unter
www.stockfood.com

Die ZS Verlag GmbH ist ein Unternehmen der Edel AG, Hamburg.
www.zsverlag.de
www.facebook.com/zsverlag

Alle Rechte vorbehalten. All rights reserved. Das Werk darf – auch teilweise – nur mit Genehmigung des Verlags wiedergegeben werden.

| DIE AUTOREN dieses Kochbuchs – Fotograf THORSTEN SUEDFELS, Koch und Foodstylist ADAM KOOR und Stylistin MEIKE STÜBER – leben mit ihren Familien in Hamburg und arbeiten dort freiberuflich für namhafte Foodmagazine, Buchverlage und Agenturen.
In der Fotografie und deren Umsetzung eint die Autoren die Liebe zum Detail und der gleiche Blick auf das Wesentliche.

| Die GRAFIKDESIGNERIN und Gartennachbarin KERSTIN PALAN lebt mit ihrer Familie in Hamburg. Nach jahrelanger Tätigkeit in Werbeagenturen arbeitet sie nun freiberuflich. Ihre Auftraggeber sind in der Hauptsache Magazine, Agenturen und Kreative.
Wir bedanken uns herzlich bei ihr für die liebevolle Gestaltung dieses Buchs.

# Auf den Geschmack gekommen?

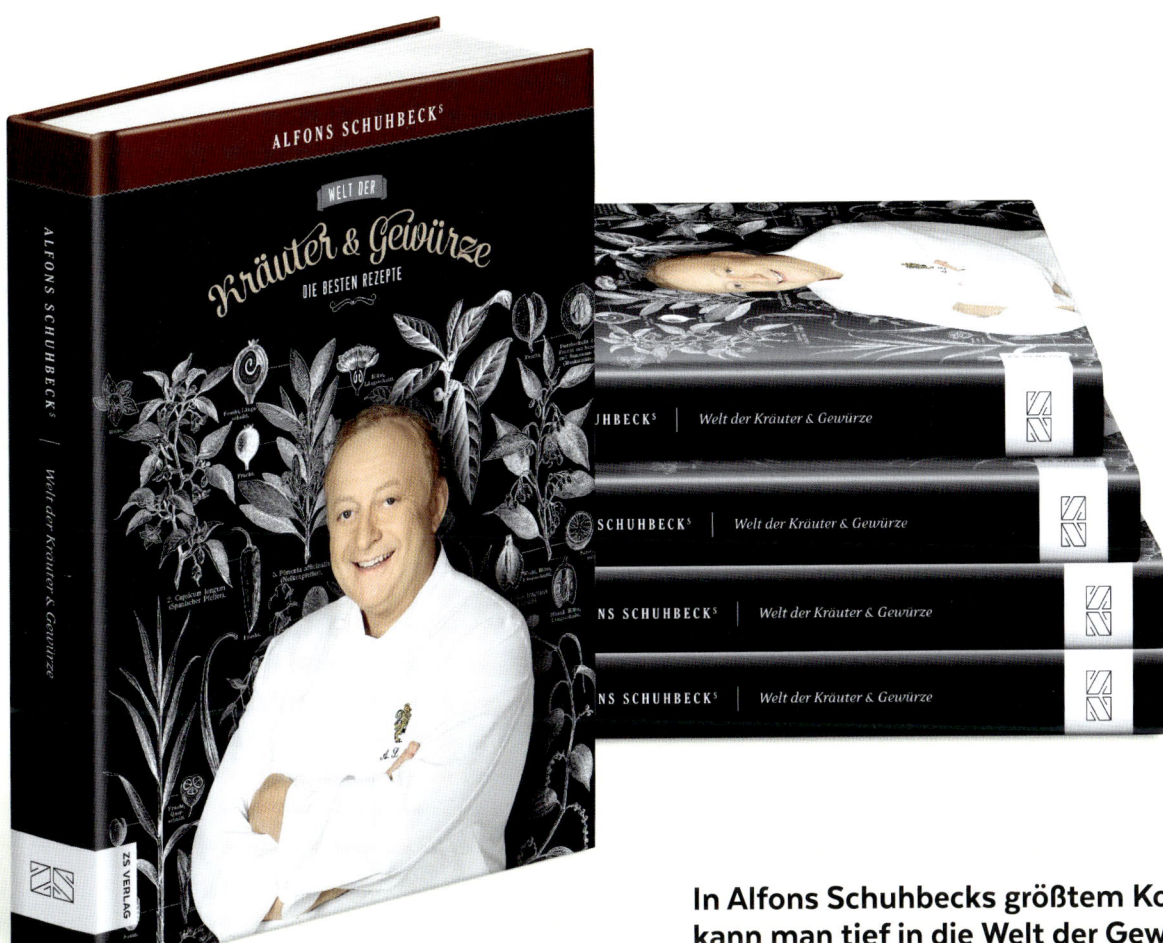

In Alfons Schuhbecks größtem Kompendium kann man tief in die Welt der Gewürze und Kräuter eintauchen: Der Sternekoch präsentiert in rund 160 Rezepten sein Wissen zu Kardamom, Ingwer, Pfeffer & Co.

Alfons Schuhbeck
Welt der Kräuter & Gewürze
€ [D] 39,00
ISBN 978-3-89883-499-5

## Gleich weiterkochen!

Jetzt überall, wo es gute Bücher gibt.